TANTRA YOGA

« Spiritualités vivantes »

TANTRA YOGA

Le Vijñânabhaïrava tantra
Le « tantra de la connaissance suprême »

*Traduit et commenté
par Daniel Odier*

Albin Michel

Albin Michel
■ *Spiritualités* ■

*Collection « Spiritualités vivantes » dirigée
par Jean Mouttapa et Marc de Smedt*

© Editions Albin Michel, 1998, 2004

*A mes maîtres, Kalou Rinpoché
Devî et Thich Nhat Hanh.*

Leurs trois images se fondent en une seule, celle de l'incarnation des enseignements les plus profonds alliée à l'amour libérateur.

L'école Pratyabhijñā du tantrisme shivaïte cachemirien considère comme primordial le libre envol de l'intuition qui permet de saisir l'essence d'un texte ou d'un enseignement, hors de toute réduction opérée par la pensée discriminante.

Le Vijñānabhaïrava tantra est l'un des textes fondamentaux de cette école. Il porte en lui la concision et la grâce d'expression qui rendent possibles cette saisie intuitive, ce retour spontané à la spatialité du Soi, cette reconnaissance immédiate de sa propre nature.

Le respect de cette tradition d'enseignement plus allusif qu'explicatif m'a poussé à présenter d'abord le texte intégral du Vijñānabhaïrava tantra, dépouillé de toute note, pour la joie des intelligences intuitives. Dans une deuxième partie, une introduction au shivaïsme cachemirien, à son histoire, à sa doctrine, à ses textes fondamentaux, aux rapports maître-disciple et à la lignée à laquelle je me rattache, permettra une approche plus classique, puis, dans la troisième partie, une introduction à chaque section et un commentaire spontané des cent douze dhâranâ, ou pratiques yoguiques, classées par mon maître, la yogini Lalitâ Devî, en groupes se rapportant aux différents yoga, permettra une troisième approche de ce texte merveilleux.

Je tiens à rendre hommage à l'enseignement précieux de mes maîtres sans lesquels ce livre n'aurait pas vu le jour.

D. O.

PREMIÈRE PARTIE

Bhaïrava et Bhaïravi, amoureusement unis dans la même connaissance, sortirent de l'indifférencié pour que leur dialogue illumine les êtres.

1. Bhaïravi, la Shakti de Bhaïrava, dit :
Ô Dieu, toi qui manifestes l'univers et te joues de cette manifestation, tu n'es autre que mon Soi. J'ai reçu l'enseignement du Trika, qui est la quintessence de toutes les écritures sacrées. Cependant, j'ai encore quelques doutes.

2-4. Ô Dieu, du point de vue de la réalité absolue, quelle est la nature essentielle de Bhaïrava ? Réside-t-elle dans l'énergie liée aux phonèmes ? Dans la réalisation de la nature essentielle liée à Bhaïrava ? Dans un mantra particulier ? Dans les trois Shakti ? Dans la présence du mantra vivant dans chaque mot ? Dans le pouvoir du mantra présent dans chaque particule de l'univers ? Réside-t-elle dans les chakra ? Dans le son « HA » ? Ou bien est-ce uniquement la Shakti ?

5-6. Ce qui est composé est-il issu de l'énergie immanente et transcendante ou ne ressort-il que de l'énergie immanente ? Si ce qui est composé ne ressort que de l'énergie transcendante, la transcendance même n'aurait alors plus d'objet. La transcendance ne peut être différenciée en sons et en particules car sa nature indivise ne lui permet pas de se trouver dans le multiple.

7-10. Ô Seigneur, que ta grâce abolisse mes doutes !
Parfait ! Parfait ! Tes questions, ô bien-aimée, forment la quintessence des tantra. Je vais t'exposer un savoir secret. Tout ce qui est perçu comme une forme composée de la sphère de Bhaïrava doit être considéré comme une fantasmagorie, une illusion magique, une cité fantôme suspendue dans le ciel. Une telle description n'a comme objet que de pousser ceux qui sont en proie à l'illusion et aux activités mondaines à se tourner vers la contemplation. De tels enseignements sont destinés à ceux qui sont intéressés par les rites et les pratiques extérieures et sont soumis à la pensée dualisante.

11-13. Du point de vue absolu, Bhaïrava n'est associé ni aux lettres, ni aux phonèmes, ni aux trois Shakti, ni à la percée des chakra, ni aux autres croyances, et la Shakti ne compose pas son essence. Tous ces concepts exposés dans les écritures sont destinés à ceux dont l'esprit est encore trop immature pour saisir la réalité suprême. Ils ne sont que des friandises destinées à inciter les aspirants à une voie de conduite éthique et à une pratique spirituelle, afin qu'ils puissent un jour réaliser que la nature ultime de Bhaïrava n'est pas séparée de leur propre Soi.

Tantra yoga

14-17. L'extase mystique n'est pas soumise à la pensée dualisante, elle est totalement libérée des notions de lieu, d'espace et de temps. Cette vérité ne peut être touchée que par l'expérience. On ne peut l'atteindre que lorsqu'on se libère totalement de la dualité, de l'ego, et qu'on s'établit fermement dans la plénitude de la conscience du Soi. Cet état de Bhaïrava est gorgé de la pure félicité de la non-différenciation du tântrika et de l'univers, lui seul est la Shakti. Dans la réalité de sa propre nature ainsi reconnue et contenant l'univers entier, on touche à la plus haute sphère. Qui donc pourrait être adoré ? Qui donc pourrait être comblé par cette adoration ? Seule cette condition de Bhaïrava reconnue comme suprême est la Grande Déesse.

18-19. Comme il n'y a plus de différence entre la Shakti et celui qui la possède, ni entre substance et objet, la Shakti est identique au Soi. L'énergie des flammes n'est autre que le feu. Toute distinction n'est qu'un prélude à la voie de la véritable connaissance.

20-21. Celui qui accède à la Shakti saisit la non-distinction entre Shiva et Shakti et passe la porte d'accès au divin. Ainsi qu'on reconnaît l'espace illuminé par les rayons du soleil, ainsi reconnaît-on Shiva grâce à l'énergie de Shakti qui est l'essence du Soi.

22-23. Ô Dieu suprême ! Toi qui portes un trident et un collier de crânes, comment atteindre la plénitude absolue de la Shakti qui transcende toute notion, toute description et abolit le temps et l'espace ? Comment réaliser cette non-dualité avec l'univers ? Dans quel sens dit-on que la suprême Shakti est la porte secrète de l'état bhaïravien ? Peux-tu répondre par le langage conventionnel à ces questions absolues ?

24. La suprême Shakti se manifeste lorsque le souffle inspiré et le souffle expiré naissent et s'éteignent aux deux points situés en haut et en bas. Ainsi, entre deux respirations, fais l'expérience de l'espace infini.

25. À travers le mouvement et l'arrêt du souffle, entre l'expiration et l'inspiration, lorsqu'il s'immobilise aux deux points extrêmes, cœur intérieur et cœur extérieur, deux espaces vides te seront révélés : Bhaïrava et Bhaïravi.

26. Le corps relâché au moment de l'expiration et de l'inspiration, perçois, dans la dissolution de la pensée duelle, le cœur, centre de l'énergie où s'écoule l'essence absolue de l'état bhaïravien.

27. Lorsque tu as inspiré ou expiré complètement et que le mouvement s'arrête de lui-même, dans cette pause universelle et paisible la notion du « moi » disparaît et la Shakti se révèle.

28. Considère la Shakti comme une vive luminosité, de plus en plus subtile, portée de centre en centre, de bas en haut, par l'énergie du souffle, au travers de la tige de lotus. Lorsqu'elle s'apaise dans le centre supérieur, c'est l'éveil de Bhaïrava.

29. Le cœur s'ouvre et, de centre en centre, la Kundalini s'élance comme la foudre. Alors se manifeste la splendeur de Bhaïrava.

30. Médite sur les douze centres d'énergie, les douze lettres conjointes et libère-toi de la matérialité pour atteindre à la suprême subtilité de Shiva.

31. Concentre l'attention entre les deux sourcils, garde ton esprit libre de toute pensée dualisante, laisse ta forme se remplir avec l'essence de la respiration jusqu'au sommet de la tête et, là, baigne dans la spatialité lumineuse.

32. Imagine les cinq cercles colorés d'une plume de paon comme étant les cinq sens disséminés dans l'espace illimité et réside dans la spatialité de ton propre cœur.

33. Vide, mur, quel que soit l'objet de contemplation, il est la matrice de la spatialité de ton propre esprit.

34. Ferme les yeux, vois l'espace entier comme s'il était absorbé par ta propre tête, dirige le regard vers l'intérieur et, là, vois la spatialité de ta vraie nature.

35. Le canal central est la Déesse, telle une tige de lotus, rouge à l'intérieur, bleue à l'extérieur. Il traverse ton corps. En méditant sur sa vacuité interne, tu accéderas à la spatialité divine.

36. Bouche les sept ouvertures de la tête avec tes mains et fonds-toi dans le bindu, l'espace infini, entre les sourcils.

37. Si tu médites dans le cœur, dans le centre supérieur ou entre les deux yeux, se produira l'étincelle qui dissoudra la pensée discursive, comme lorsqu'on effleure les paupières avec les doigts. Tu te fondras alors dans la conscience suprême.

38. Entre dans le centre du son spontané qui vibre de lui-même comme dans le son continu d'une cascade ou, mettant les doigts dans les oreilles, entends le son des sons et atteins Brahman, l'immensité.

39. Ô Bhaïravi, chante « OM », le mantra de l'union amoureuse de Shiva et Shakti, avec présence et lenteur. Entre dans le son et, lorsqu'il s'éteint, glisse dans la liberté d'être.

40. Concentre-toi sur l'émergence ou la disparition d'un son, puis accède à la plénitude ineffable du vide.

41. En étant totalement présent au chant, à la musique, entre dans la spatialité avec chaque son qui émerge et se dissout en elle.

42. Visualise une lettre, laisse-toi remplir par sa luminosité. La conscience ouverte, entre dans la sonorité de la lettre, puis dans une sensation de plus en plus subtile. Lorsque la lettre se dissout dans l'espace, sois libre.

43. Lorsque tu saisis la spatialié lumineuse de ton propre corps irradiant dans toutes les directions, tu te libères de la dualité et t'intègres à l'espace.

44. Si tu contemples simultanément la spatialité du haut et celle de la base, l'énergie hors du corps te porte au-delà de la pensée dualisante.

45. Réside simultanément dans la spatialité de la base, dans celle du cœur et dans celle du sommet. Ainsi, par l'absence de pensée dualisante, s'épanouit la conscience divine.

46. En un instant, perçois la non-dualité en un point du corps, pénètre cet espace infini et accède à l'essence libérée de la dualité.

47. Ô femme aux yeux de gazelle, laisse l'éther pénétrer ton corps, fonds-toi dans l'indicible spatialité de ton propre esprit.

48. Suppose que ton corps est pure spatialité lumineuse contenue par la peau et accède au sans-limite.

49. Ô beauté ! les sens disséminés dans l'espace du cœur, perçois l'essence de la Shakti comme une poudre d'or d'une indicible finesse qui scintille en ton cœur et de là se déverse dans l'espace. Alors tu connaîtras la béatitude suprême.

50. Lorsque ton corps est tout entier pénétré de conscience, l'esprit unipointé se dissout dans le cœur et tu pénètres alors la réalité.

51. Fixe ton esprit dans le cœur en te livrant aux activités du monde, ainsi l'agitation disparaîtra et en quelques jours tu connaîtras l'indescriptible.

52. Concentre-toi sur un feu de plus en plus ardent qui monte de tes pieds et te consume entièrement. Lorsqu'il ne reste que cendres dispersées par le vent, connais la tranquillité de l'espace qui retourne à l'espace.

53. Vois le monde entier transformé en un gigantesque brasier. Puis, lorsque tout n'est que cendre, entre dans la béatitude.

54. Si les tattva de plus en plus subtils sont absorbés en leur propre origine, la suprême Déesse te sera révélée.

55. Arrive à une respiration intangible, concentrée entre les deux yeux, puis lorsque naît la lumière laisse descendre la Shakti jusqu'au cœur et, là, dans la présence lumineuse, au moment de l'endormissement, atteins la maîtrise des rêves et connais le mystère de la mort elle-même.

56. Considère l'univers entier comme s'il se dissolvait dans des formes de plus en plus subtiles jusqu'à sa fusion dans la pure conscience.

57. Si tu médites sur le Shiva tattva, qui est la quintessence de l'univers entier, sans connaître de limite dans l'espace, tu connaîtras l'ultime extase.

58. Ô Grande Déesse ! Perçois la spatialité de l'univers et deviens la jarre qui le contient.

59. Regarde un bol ou un récipient sans en voir les côtés ou la matière. En peu de temps, prends conscience de l'espace.

60. Séjourne dans un lieu infiniment spacieux, dépourvu d'arbres, de collines, d'habitations ; laisse ton regard se dissoudre dans l'espace vierge, de là vient la détente de l'esprit.

61. Dans l'espace vide qui sépare deux instants de conscience, se révèle la spatialité lumineuse.

62. Au moment précis où tu as l'impulsion de faire quelque chose, arrête-toi. Alors n'étant plus dans l'élan qui précède ni dans celui qui suit, la réalisation s'épanouit avec intensité.

63. Contemple les formes indivises de ton propre corps et celles de l'univers entier comme étant d'une même nature, ainsi, ton être omniprésent et ta propre forme reposeront dans l'unité et tu atteindras la nature de la conscience.

64. Dans toute activité, concentre-toi sur l'espace qui sépare l'inspiration de l'expiration. Ainsi, accède à la félicité.

65. Ressens ta substance : os, chair et sang, saturée par l'essence cosmique, et connais la suprême félicité.

66. Ô belle aux yeux de gazelle, considère les vents comme ton propre corps de félicité. Au moment où tu frémis, accède à la présence lumineuse.

67. Lorsque tes sens frémissent et que ta pensée atteint l'immobilité, entre dans l'énergie du souffle et, au moment où tu sens un fourmillement, connais la joie suprême.

68. Lorsque tu pratiques le rituel sexuel, que la pensée réside dans le frémissement des sens comme le vent dans les feuilles, accède alors à la félicité spatiale de l'extase amoureuse.

69. Au début de l'union, sois dans le feu des énergies libérées par la jouissance intime ; fonds-toi dans la divine Shakti et continue de brûler dans l'espace sans connaître les cendres à la fin. Ces délices sont en réalité celles du Soi.

70. Ô Déesse ! La jouissance de la félicité intime née de l'union peut se reproduire à tout moment par la présence lumineuse de l'esprit qui se remémore intensément cette jouissance.

Tantra yoga

71. Lorsque tu retrouves un être aimé, sois totalement dans cette félicité et pénètre cet espace lumineux.

72. Lors de l'euphorie et de l'expansion causées par les mets et les boissons délicats, sois tout entier dans cette délectation et, à travers elle, goûte à la suprême félicité.

73. Fonds-toi dans la joie éprouvée lors de la jouissance musicale ou dans celle qui ravit les autres sens. Si tu n'es plus que cette joie, tu accèdes au divin.

74. Là où tu trouves satisfaction, l'essence de la félicité suprême te sera révélée si tu demeures en ce lieu sans fluctuation mentale.

75. Au moment de t'endormir, lorsque le sommeil n'est pas encore venu et que l'état de veille disparaît : à cet instant précis, connais la suprême Déesse.

76. En été, lorsque ton regard se dissout dans le ciel, clair à l'infini, pénètre dans cette clarté qui est l'essence de ton propre esprit.

77. L'entrée dans la spatialité de ton propre esprit se produit au moment où l'intuition se libère par la fixité du regard, la succion ininterrompue de l'amour, les sentiments violents, l'agonie ou la mort.

78. Assis confortablement pieds et mains dans le vide, accède à l'espace de la plénitude ineffable.

79. Dans une position confortable, les mains ouvertes à la hauteur des épaules, une zone de spatialité lumineuse se diffuse graduellement entre tes aisselles, elle ravit le cœur et cause une paix profonde.

80. En fixant le regard sans cligner sur un galet, un morceau de bois, ou tout autre objet ordinaire, la pensée perd tout support et accède rapidement à Shiva/Shakti.

81. La bouche ouverte, place ton esprit dans ta langue au centre de la cavité buccale, avec l'expiration émets le son « HA » et connais la présence paisible au monde.

82. Lorsque tu es allongé, vois ton corps comme privé de support. Laisse ta pensée se dissoudre dans l'espace, alors le contenu de la conscience de tréfonds se dissoudra lui aussi, et tu connaîtras la pure présence, libérée du rêve.

83. Ô Déesse, jouis de l'extrême lenteur des mouvements de ton corps, d'une monture, d'un véhicule et, l'esprit paisible, coule-toi dans l'espace divin.

84. Le regard ouvert sur un ciel très pur, sans cligner, la tension se dissout avec le regard et, là, tu atteins la merveilleuse stabilité bhaïravienne.

85. Pénètre dans la spatialité lumineuse de Bhaïrava disséminée dans ta propre tête, sors de l'espace et du temps, sois Bhaïrava.

Tantra yoga

86. Quand tu accèdes à Bhaïrava en dissolvant la dualité à l'état de veille, que cette présence spatiale continue dans le rêve, et que tu traverses ensuite la nuit du sommeil profond comme la forme même de Bhaïrava, connais l'infinie splendeur de la conscience éveillée.

87. Pendant une nuit noire et sans lune, les yeux ouverts sur les ténèbres, laisse ton être tout entier se fondre dans cette obscurité et accède à la forme de Bhaïrava.

88. Les yeux clos, dissous-toi dans l'obscurité, puis ouvre les yeux et identifie-toi à la forme terrible de Bhaïrava.

89. Lorsqu'un obstacle s'oppose à la satisfaction d'un sens, saisis cet instant de vacuité spatiale qui est l'essence de la méditation.

90. Prononce de tout ton être un mot finissant par le son « AH » et dans le « H » laisse-toi emporter par le flot de sagesse qui surgit.

91. Lorsqu'on fixe son esprit libéré de toute structure sur le son final d'une lettre, l'immensité se révèle.

92. Marchant, dormant, rêvant, la conscience ayant abandonné tout support, connais-toi en tant que présence lumineuse et spatiale.

93. Pique un endroit de ton corps et, par ce point unique, accède au domaine lumineux de Bhaïrava.

94. Lorsque par la contemplation se révèle la vacuité de l'ego, de l'intellect agissant et de l'esprit, toute forme devient un espace illimité et la racine même de la dualité se dissout.

95. L'illusion perturbe, les cinq cuirasses obstruent la vision, les séparations imposées par la pensée dualisante sont artificielles.

96. Lorsque tu prends conscience d'un désir, considère-le le temps d'un claquement de doigts, puis soudain abandonne-le. Alors il retourne à l'espace duquel il vient de surgir.

97. Avant de désirer, avant de savoir : « Qui suis-je, où suis-je ? », telle est la vraie nature du « je ». Telle est la spatialité profonde de la réalité.

98. Lorsque désir et savoir se sont manifestés, oublie l'objet de ce désir ou de ce savoir et fixe ton esprit sur le désir et le savoir libérés de tout objet comme étant le Soi. Alors tu atteindras la réalité profonde.

99. Toute connaissance particulière est de nature fallacieuse. Lorsque se manifeste la soif de connaître, réalise immédiatement la spatialité de la connaissance elle-même et sois Shiva/Shakti.

100. La conscience est partout, il n'y a aucune différenciation. Réalise cela profondément et triomphe ainsi du temps.

101. En état de désir extrême, de colère, d'avidité, d'égarement, d'orgueil ou d'envie, pénètre dans ton propre cœur et découvre l'apaisement sous-jacent à ces états.

102. Si tu perçois l'univers tout entier comme une fantasmagorie, une joie ineffable surgira en toi.

103. Ô Bhaïravi ! Ne réside ni dans le plaisir ni dans la souffrance, mais sois constamment dans la réalité ineffable et spatiale qui les relie.

104. Lorsque tu réalises que tu es en toute chose, l'attachement au corps se dissout, la joie et la félicité se lèvent.

105. Le désir existe en toi comme en toute chose. Réalise qu'il se trouve aussi dans les objets et dans tout ce que l'esprit peut saisir. Alors découvrant l'universalité du désir, pénètre son espace lumineux.

106. Tout être vivant perçoit sujet et objet, mais le tântrika réside dans leur union.

107. Ressens la conscience de chaque être comme ta propre conscience.

108. Libère l'esprit de tout support et accède à la non-dualité. Alors, femme aux yeux de gazelle, le soi limité devient le Soi absolu.

109. Shiva est omniprésent, omnipotent et omniscient. Puisque tu as les attributs de Shiva, tu es semblable à lui. Reconnais le divin en toi.

110. Les vagues naissent de l'océan et s'y perdent, les flammes montent puis s'éteignent, le soleil surgit puis disparaît. Ainsi tout trouve sa source dans la spatialité de l'esprit et y retourne.

111. Erre ou danse jusqu'à l'épuisement, dans une totale spontanéité. Puis, brusquement, laisse-toi tomber sur le sol et, dans cette chute, sois entière. Alors se révèle l'essence absolue.

112. Suppose que tu es graduellement privée d'énergie et de connaissance : à l'instant de cette dissolution, ton être véritable te sera révélé.

113. Ô Déesse, écoute l'ultime enseignement mystique : il suffit de fixer son regard sur l'espace, sans cligner, pour accéder à la spatialité de ton propre esprit.

114. Arrête la perception du son en te bouchant les oreilles. En contractant l'anus, entre en résonance et touche ce qui n'est soumis ni à l'espace ni au temps.

Tantra yoga

115. Au bord d'un puits, sonde, immobile, sa profondeur jusqu'à l'émerveillement et fonds-toi dans l'espace.

116. Lorsque ton esprit vagabonde extérieurement ou intérieurement, c'est là précisément que se trouve l'état shivaïte. Où donc la pensée pourrait-elle se réfugier pour ne plus savourer cet état ?

117. L'esprit est en toi et tout autour de toi. Lorsque tout est pure conscience spatiale, accède à l'essence de la plénitude.

118. Dans la stupeur ou l'anxiété, à travers l'expérience des sentiments extrêmes, quand tu surplombes un précipice, que tu fuis le combat, que tu connais la faim ou la terreur, ou même lorsque tu éternues, l'essence de la spatialité de ton propre esprit peut être saisie.

119. Lorsque la vue d'un certain lieu fait émerger des souvenirs, laisse ta pensée revivre ces instants puis, lorsque les souvenirs s'épuisent, un pas plus loin, connais l'omniprésence.

120. Regarde un objet puis, lentement, retire ton regard. Ensuite, retire ta pensée et deviens le réceptacle de la plénitude ineffable.

121. L'intuition qui émerge de l'intensité de l'adoration passionnée s'écoule dans l'espace, libère et fait accéder au domaine de Shiva/Shakti.

122. L'attention fixée sur un seul objet, on pénètre tout objet. Qu'on se relâche alors dans la plénitude spatiale de son propre Soi.

123. La pureté, exaltée par les religieux ignorants, semble impure au tântrika. Affranchis-toi de la pensée dualisante et ne reconnais rien comme pur ou impur.

124. Saisis que la réalité spatiale de Bhaïrava est présente en toute chose, en tout être, et sois cette réalité.

125. Le bonheur réside dans l'égalité entre les sentiments extrêmes. Réside dans ton propre cœur et accède à la plénitude.

126. Libère-toi de la haine comme de l'attachement. Alors ne connaissant ni répulsion ni lien, glisse-toi dans le divin en ton propre cœur.

127. Toi, au cœur ouvert et doux, médite sur ce qui ne peut être connu, sur ce qui ne peut être saisi. Toute la dualité étant hors d'atteinte, où donc la conscience pourrait-elle se fixer pour échapper à l'extase ?

128. Contemple l'espace vide, accède à la non-perception, à la non-distinction, à l'insaisissable, par-delà l'être et le non-être : touche au non-espace.

129. Lorsque la pensée se dirige vers un objet, utilise cette énergie. Englobe l'objet et, là, fixe la pensée sur cet espace vide et lumineux.

Tantra yoga

130. Bhaïrava est un avec ta conscience lumineuse. En chantant le nom de Bhaïrava, tu deviens Shiva.

131. Lorsque tu affirmes : « j'existe », « je pense ceci ou cela », « telle chose m'appartient », accède à ce qui n'a pas de fondement et, au-delà de telles affirmations, connais l'illimité et trouve la paix.

132. « Éternelle, omnisciente, sans support, Déesse de tout le manifesté... » Sois celle-là et accède à Shiva/Shakti.

133. Ce que tu appelles l'univers est une illusion, une apparition magique. Pour être heureux, considère-le comme tel.

134. Sans la pensée dualisante, par quoi la conscience pourrait-elle être limitée ?

135. En réalité, lien et libération n'existent que pour ceux qui sont terrifiés par le monde et méconnaissent leur nature fondamentale. L'univers se reflète en l'esprit comme le soleil sur les eaux.

136. À l'instant où ton attention s'éveille par l'intermédiaire des organes des sens, pénètre dans la spatialité de ton propre cœur.

137. Lorsque connaissance et connu sont d'une essence unique, le Soi resplendit.

138. Ô bien-aimée, lorsque l'esprit, l'intellect, l'énergie et le soi limité disparaissent, alors surgit le merveilleux Bhaïrava !

139. Ô Déesse, je viens de t'exposer cent douze dhâranâ. Celui qui les connaît échappe à la pensée dualisante et atteint la connaissance parfaite.

140. Celui qui réalise une seule de ces dhâranâ devient Bhaïrava en personne. Sa parole s'accomplit dans l'acte et il obtient le pouvoir de transmettre ou non la Shakti.

141-144. Ô Déesse, l'être qui maîtrise une seule de ces pratiques se libère de la vieillesse et de la mort, il acquiert les pouvoirs supranormaux, les yoginî et les yogin le chérissent et il préside à leurs réunions secrètes. Libéré au sein même de l'activité et de la réalité, il est libre.

La Déesse dit :

Ô Seigneur, qu'on suive cette réalité merveilleuse qui est la nature de la Shakti suprême ! Qui donc est adoré ? Qui est l'adorateur ? Qui entre en contemplation ? Qui est contemplé ? Qui reçoit l'oblation et qui en fait l'offrande ? À qui sacrifie-t-on et quel est le sacrifice ?

Ô femme aux yeux de gazelle, toutes ces pratiques sont celles de la voie extérieure et correspondent aux aspirations grossières.

Tantra yoga

145. Seule cette contemplation de la plus haute réalité est la pratique du tântrika. Ce qui résonne spontanément en soi est la formule mystique.

146. Un esprit stable et dépourvu de caractéristiques, voilà la vraie contemplation. Les visualisations imagées des divinités ne sont que des artifices.

147. L'adoration ne consiste pas en offrandes mais en la réalisation que le cœur est la suprême conscience dégagée de la pensée dualisante. Dans la parfaite ardeur, Shiva/Shakti se dissolvent dans le Soi.

148. Si l'on pénètre un seul des yoga décrits ici, on connaîtra une plénitude s'étendant de jour en jour jusqu'à la plus haute perfection.

149. Lorsqu'on jette dans le feu de la suprême réalité les cinq éléments, les sens et leurs objets, l'esprit dualisant et la vacuité même, alors il y a réelle offrande aux dieux.

150-151. Ô Déesse suprême, ici, le sacrifice n'est rien d'autre que la satisfaction spirituelle caractérisée par la félicité. Le vrai lieu de pèlerinage, ô Pârvati, est l'absorption en la Shakti qui détruit toute souillure et protège tous les êtres. Comment pourrait-il y avoir d'autre adoration et qui donc la recevrait ?

152. L'essence du Soi est universelle. Elle est autonomie, félicité et conscience. L'absorption dans cette essence est le bain rituel.

153. Les offrandes, l'adorateur, la suprême Shakti ne sont qu'un. Ceci est l'adoration profonde.

154. Le souffle sort, le souffle entre, de lui-même sinueux. Parfaitement accordée au souffle, Kundalini, la Grande Déesse, se dresse. Transcendante et immanente, elle est le plus haut lieu de pèlerinage.

155. Ainsi, profondément établi dans le rite de la grande félicité, pleinement présent à la montée de l'énergie divine, grâce à la Déesse, le yogin atteindra le suprême Bhaïrava.

155 bis-156. L'air est exhalé avec le son « SA » puis inhalé avec le son « HAM ». Alors la récitation du mantra « HAMSA » est continue. La respiration est le mantra, répété vingt et un mille fois, nuit et jour, c'est le mantra de la suprême Déesse.

157-160. Ô Déesse, je viens de t'exposer les enseignements mystiques ultimes que rien ne surpasse. Qu'ils ne soient transmis qu'aux êtres généreux, à ceux qui vénèrent la lignée des maîtres, aux intelligences intuitives libérées de l'oscillation cognitive et du doute et à ceux qui les mettront en pratique. Car sans pratique, la transmission se dilue, et ceux qui ont eu la merveilleuse occasion de recevoir ces enseignements retournent à la souffrance et à l'illusion alors qu'ils ont eu un trésor éternel entre les mains.
Ô Dieu, j'ai maintenant saisi le cœur des enseignements et la quintessence des tantra. Il faudra quitter

cette vie mais pourquoi renoncerait-on au cœur de la Shakti ? Ainsi qu'on reconnaît l'espace illuminé par les rayons du soleil, ainsi reconnaît-on Shiva grâce à l'énergie de Shakti qui est l'essence du Soi.

Alors Shiva et Shakti, rayonnant de béatitude, s'unirent à nouveau dans l'indifférencié.

DEUXIÈME PARTIE

Le Vijñânabhaïrava tantra, somme du yoga shivaïte

Le Vijñânabhaïrava tantra, ou « tantra de la connaissance suprême », est l'un des textes shivaïtes les plus anciens. C'est probablement la somme la plus extraordinaire de moyens yoguiques jamais réunie. Aucun texte ultérieur, dans aucune école, n'offre au yogin un éventail aussi varié. Cette singularité vient du fait que le yoga tantrique n'est pas seulement la voie de « l'arrêt de l'activité automatique du mental », comme le définira Patanjali dans son fameux *Yogasûtra*[1], mais un yoga qui utilise le spectre intégral des pensées, des émotions et des sensations du yogin placé au cœur du foisonnement de la réalité comme voie mystique. C'est en cela que le tantrisme shivaïte est unique et qu'il est la source de tous les yoga ultérieurs adoptés par la tradition védique,

---

1. Traduit et commenté par Françoise Mazet, Albin Michel, 1991.

comme l'ont souligné Alain Daniélou[1] et R. M. Sakhare[2].

Par la profondeur de sa présence au monde phénoménal, le tântrika touche à l'absolu. « Tout ce qui est ici est ailleurs, ce qui n'est pas ici n'est nulle part », proclame le Vivasara tantra, montrant l'importance primordiale accordée à la réalité. C'est avant tout un yoga de l'action dans le monde des sens. Il n'y a plus pour le tântrika de scission entre la vie mystique et la vie phénoménale. Toute perception, toute pensée, toute émotion permet de glisser spontanément dans la conscience, le divin en soi, matrice de laquelle tout émerge et à laquelle tout retourne dans un cycle immuable. L'ascèse n'est plus alors envisagée comme un retrait du monde phénoménal qui permettrait d'accéder à une pureté divine mais au contraire comme une immersion intégrale dans ce que la vie a de plus frémissant.

Les moyens du yoga tantrique exposés dans le Vijñânabhaïrava sont ceux qui nous permettent de goûter à l'essence divine des choses dès que les filtres réducteurs de la pensée discriminante et la dualité sont abandonnés. Tout, pour le tântrika, est saturé d'essence divine. Rien n'est à éviter, rien n'est à rechercher. Le yogin jouit dans une liberté absolue et d'une manière ininterrompue de tout le jeu de la manifestation qu'il voit comme son propre Soi libéré de toute limitation conceptuelle, de

---

1. Alain Daniélou, *La Fantaisie des dieux et l'aventure humaine d'après la tradition shivaïte*, Éditions du Rocher, 1985.
2. *History and Philosophy of Lingayat Religion*, Karnatak University, Darwad, 1978.

tout dogme, de toute croyance. La « connaissance suprême » dont traite le Vijñânabhaïrava est celle qui permet au yogin de reconnaître spontanément sa propre nature comme Être, conscience et félicité. Le tântrika peut alors dire : « Je suis la réalité suprême, l'univers entier réside en moi ; je suis le fondement de cet univers[1]. »

Le Vijñânabhaïrava tantra présente « la quintessence de tous les tantra ». Il se situe d'emblée sur le plan de la réalité absolue, laissant à d'autres textes le soin d'aborder réalité relative, rites, visualisations et autres enseignements. Allant directement aux pratiques ultimes, par le dégagement de tout objet transitionnel qui pourrait freiner la quête du tântrika, le Vijñânabhaïrava tantra touche aux racines les plus anciennes du shivaïsme.

Origines et résurgences du shivaïsme

Parmi les images les plus anciennes de Shiva, un sceau exposé au musée de Delhi, datant de 3000 ans avant notre ère, nous montre Shiva sous la forme de Pashupati, le Seigneur des animaux, portant une coiffe ornée de cornes d'antilope, en position du lotus, le sexe dressé, entouré d'animaux emblématiques. Ce sceau témoigne des racines chamaniques extrêmement lointaines du shivaïsme. À travers la lecture attentive du Vijñânabhaïrava tantra, il est possible de mettre au jour des pratiques qui se rattachent à cette antique sagesse.

---

[1]. Préface de Madhusudan Kaul au Malinivijayatantra, cité par Lilian Silburn in *Le Paramarthasara de Abhinavagupta*, Collège de France, 1979.

La science du rêve lucide, exposée dans les stances 86 et 55, la danse extatique poussée à ses limites extrêmes, stance 111, la contemplation de l'obscurité, stances 87 et 88, le yoga du feu intérieur, stances 52 et 53, celui du vent, stance 66, du ciel, stance 113, et l'intégration des sentiments violents, stances 77 et 118, appartiennent sans doute à ce substrat de la civilisation des Assours shivaïtes dont la civilisation aurait pris fin il y a soixante mille ans et qu'on trouve décrite dans le Shiva purana [1].

Le shivaïsme a resurgi et s'est développé avec la civilisation dravidienne, dès la fin des glaciations, 9000 ans avant notre ère. Venus d'un continent englouti qui aurait relié Madagascar à l'Indonésie, les Dravidiens bâtirent leurs grandes cités, Mohenjo Daro et Harappa, dans la vallée de l'Indus, au Pakistan et au Penjab actuel, sur les ruines de cités plus anciennes.

Les Dravidiens étaient un peuple de marins. De leurs ports situés dans le golfe de Bombay, ils remontèrent jusqu'à la mer Rouge, étendirent leur influence à l'Arabie, à Sumer et à la Crète. Ils utilisaient l'or et le cuivre, les alliages de métaux, ils exportaient du coton, de la poterie, des céréales et des épices. Ils élevaient du bétail, des chèvres, des poules, et avaient domestiqué chats et chiens. Ils connaissaient une agriculture et un système de poids et mesures sophistiqués.

Les ruines de leurs cités montrent un urbanisme raffiné, des méthodes de construction standardisées, l'usage des bains, des écoulements, des systèmes de drainage et

---

[1]. *La Légende immémoriale du dieu Shiva, le Shiva purana*, traduit du sanscrit et annoté par Tara Michaël, Gallimard, 1991.

des puits de décantation qui prévenaient les crues du fleuve. Leur écriture hiéroglyphique est en cours de déchiffrage. Cette civilisation a atteint son apogée entre 6000 et 2000 ans avant notre ère.

D'après la tradition, l'école Pratyabhijñā s'est développée avant le début du Kaliyuga, ou âge sombre qui a commencé environ 3200 ans avant notre ère. Shiva, voyant l'avènement de l'âge obscur, décida de raviver le shivaïsme en le transmettant, sur le mont Kailasha, au sage Durvasa. Il lui exposa les tantra en lui demandant de les transmettre à son tour. Durvasa eut un premier fils qu'il ne jugea pas digne de recevoir les enseignements ultimes, il lui transmit donc les tantra dualistes. Plus tard, il eut un autre fils auquel il transmit les tantra qui sont à mi-chemin entre le dualisme et le non-dualisme. Enfin, il eut une fille, Ardhatryambaka, qui seule se montra capable de comprendre les soixante-quatre Bhaïrava tantra suprêmes de l'école non duelle. Elle fonda une lignée qui, d'après mon maître, la yoginî Lalitâ Devî, existe toujours et ne se transmet qu'à des femmes.

De là date l'importance capitale des maîtres femmes dans le shivaïsme car elles peuvent, dit-on, réaliser les enseignements trois cent soixante-cinq fois plus rapidement qu'un homme. Shivâdanath, le fondateur au VIIe siècle de l'école Krama du shivaïsme, donna sa transmission à trois yoginî qui à leur tour la donnèrent à des femmes et à des hommes. Abhinavagupta, philosophe cachemirien du Xe siècle à la culture encyclopédique, la plus haute autorité du shivaïsme, partage ce point de vue sur la prééminence des femmes. Dans son Tantraloka, il affirme : « Les traités disent au sujet de la femme que sa voie du milieu [susumna] s'épanouit pleinement. Et donc à elle seule le guru doit transmettre intégralement la doctrine secrète et, par son intermédiaire, grâce à la pratique de l'union, elle la transmet aux hommes [1]. » Abhinavagupta rejoint son maître, Kallata, pour lequel « la femme est pourvue d'une pure substance éminente quant au corps [2] ».

De cette présence si forte des yoginî vient aussi l'ouverture des tantra dont les enseignements s'adressent à tous, sans aucune restriction de sexe, de caste ou de race. Une femme intouchable peut, dans le tantrisme, devenir le maître d'un brahmane.

Les textes tantriques les plus anciens, dont le Vijñânabhaïrava tantra fait partie, ont été transmis oralement de maître à disciple pendant une très longue période. Ils datent probablement, comme l'a suggéré Stella Kramrish en accord avec B. G. Tilak [3], qui a décrypté dans les agama des descriptions de lieux géographiques précis associés à la présence de telle ou telle constellation, du cinquième ou sixième millénaire avant notre ère.

Ce n'est qu'au cours des premiers siècles de notre ère que ces textes furent écrits en dravidien, puis traduits en sanscrit par cinq maîtres shivaïtes, soucieux d'opposer au

---

1. *La Kundalini, l'énergie des profondeurs*, Lilian Silburn, Les Deux Océans, Paris, 1983.
2. *Ibidem*.
3. *The Presence of Shiva*, Princeton University Press, 1981.

védisme triomphant un corpus de textes fondamentaux d'une tradition bien antérieure[1]. Cette nouvelle vision semble aujourd'hui acceptée par un grand nombre de spécialistes mais, pour le tântrika, elle ne représente qu'un intérêt périphérique par rapport à la mise en pratique des textes qui seule en fait découvrir la véritable profondeur et assure la survie de ce que le tantrisme a de plus puissant.

Le mythe aryen

Le mythe de la destruction de la civilisation dravidienne par les Aryens, forgé au début du XXe siècle, a connu un grand succès jusqu'en 1995, date à laquelle trois indianistes de renom, Feuerstein, Kak et Frawley, l'ont anéanti. Grâce à des découvertes géologiques, ils ont pu réviser complètement les dates proposées pour la rédaction des Védas et la faire remonter entre le troisième et le quatrième millénaire avant notre ère. Ils démontent allègrement le mythe de la bataille entre les shivaïtes tantriques et les Aryens et Feuerstein va jusqu'à écrire : « Les parallèles entre la civilisation védique et la civilisation de la vallée de l'Indus sont tels que nous devons en déduire qu'elles ne sont pas séparées mais forment bien une seule et même civilisation[2]. »

Les vues radicales et iconoclastes des tantriques s'opposeront certes à l'ordre védique mais il faut voir là la pointe

---

1. Voir Alain Daniélou, *La Fantaisie des dieux et l'aventure humaine*, op. cit.
2. *Tantra. The Path of Extasy*, Shambala, Boston, 1998.

extrême d'une tradition d'une richesse inégalée. Un premier repli du shivaïsme tantrique sera suivi par l'extraordinaire floraison cachemirienne, entre le VIIe et le XIIe siècle, date des premières invasions arabes. Il y eut ensuite un retour à la clandestinité, mais aussi une grande proximité entre les maîtres soufis et les maîtres shivaïtes, dont la poétesse et maître tantrique Lalla, admirée encore aujourd'hui par les deux communautés, est un exemple étincelant. Son œuvre, chantée par les tântrika et les soufis d'aujourd'hui, est un merveilleux parcours de la voie la plus profonde du tantrisme [1].

Habitué à survivre à tous les remous historiques, le tantrisme résistera encore à la colonisation puritaine britannique, puis à la curiosité des Occidentaux des années soixante-dix, avides de mystiques permissives et de libération sexuelle. Il continue d'attirer aujourd'hui les esprits libres de tous préjugés raciaux, sociaux et dogmatiques qui sont disposés à s'investir totalement dans cette quête ardue. Elle suppose la passion du réel, le frémissement continu du cœur et la plus haute exigence qui seule permet de ne pas devenir l'esclave des énergies mises en jeu.

L'influence du shivaïsme

Dès le début de notre ère, le tantrisme cachemirien allait profondément marquer le bouddhisme Mahayana, issu d'une fusion des enseignements du Bouddha et des

---

1. *Lalla, Chants mystiques du tantrisme cachemirien*, présentation et traduction de Daniel Odier, Points Sagesse, Seuil, 1999.

Tantra yoga

enseignements les plus profonds du shivaïsme. Rappelons que le Bouddha fut lui-même disciple de Gosala, un extraordinaire maître tantrique auprès duquel il passa ses années d'ascète errant en compagnie du non moins célèbre Mahavira, vingt-quatrième prophète et réformateur jaïn.

De Mahavira, le Bouddha hérita la doctrine du karma et celle de la transmigration ou continuité, alors que Gosala lui transmit la vertu sociale de la négation des castes et de l'égalité de tous les êtres humains, le refus du rituel et des pratiques extérieures, l'identité de Shiva (Bouddha) et de l'esprit.

L'empereur Kanishka (78-123), de la dynastie Kushana, rassembla à Kundalavana[1] dix-huit sectes bouddhiques qui adoptèrent les grandes lignes du shivaïsme tantrique. Les siddha tantriques, yogin et yoginî (les sages accomplis) allaient au cours des siècles donner l'impulsion à toutes les lignées tibétaines dont les maîtres viendront au Cachemire et en Oddyâna, pays voisin du Cachemire, chercher les enseignements, très souvent auprès de maîtres femmes qui initièrent les maîtres bouddhistes Saraha, Padmasambhava, Naropa, Tilopa et bien d'autres[2].

Le shivaïsme influença également le Chan, le zen chinois des origines, dont le premier patriarche, Bodhidharma, était à la fois reconnu comme le vingt-huitième patriarche dans la lignée du Bouddha et comme déten-

---

1. Heinrich Zimmer, *Les Religions de l'Inde*, Payot, 1953.
2. Voir Miranda Shaw, *Passionate Enlightenment*, Princeton University Press, 1994.

teur de la lignée shivaïte[1]. C'est ainsi que les enseignements les plus profonds du shivaïsme se retrouvent dans les ultimes enseignements bouddhiques de Mahamoudra (le Grand Sceau), du Dzogchen (la grande perfection innée) et du Chan (zen ou dhyana) issus du Cachemire, à la fois croisée des chemins qui menaient par les passes himalayennes à la Chine et au Tibet, et lieu de séjour privilégié des siddha tantriques shivaïtes et bouddhistes les plus accomplis, mais aussi de grands maîtres soufis.

Lorsque Hallaj, le poète soufi, chante :

« Quelle terre est vide de Toi
Pour qu'on s'élance à Te chercher au ciel ?
Tu les vois qui Te regardent au grand jour
Mais aveugles ils ne voient pas »

il ne peut être qu'en profonde résonance avec les tântrika pour lesquels le divin est le Soi.

La floraison cachemirienne entre le VIIIe et le XIIe siècle

C'est à partir du VIIIe siècle qu'eut lieu une floraison inégalée du shivaïsme tantrique cachemirien, avec la révélation des Shivasûtra[2] que Vasugupta reçut en rêve, ou qu'il trouva gravés sur une roche du mont Kailasha.

---

1. Chien Ming Chen, *Discrimination between Hindu and Buddhist Tantras*, Kalimpong, 1969.
2. *Sivasûtra et Vimarsinî de Ksemarâja*, traduction et introduction par Lilian Silburn, Collège de France, 1980.

Le même Vasugupta (ou son disciple Kallata) écrivit ensuite l'extraordinaire « Chant tantrique du frémissement » intitulé *Spandakarika*[1]. Mais c'est un disciple de la lignée de Kallata, Abhinavagupta, qui donnera au tantrisme cachemirien son plus vertigineux développement philosophique avec, entre autres textes précieux, son monumental *Tantraloka*, une somme de douze volumes, dont nous n'avons à ce jour en langue occidentale qu'une traduction italienne[2]. Abhinavagupta, dont le savoir s'étendait aussi bien à la musique, à la grammaire, qu'à la poétique, laisse une œuvre d'une profondeur et d'une dimension extraordinaires. On peut lire ses *Hymnes*, son *Paramarthasara*[3], ainsi que son *Paratrasikalaghuvrtti*[4], pour avoir une idée de l'ampleur de sa vision.

Le Vijñânabhaïrava tantra, le Shivasûtra et le Spandakarika forment l'indispensable trilogie dont tout tântrika se doit de pénétrer le sens profond pour accéder au Spanda, ou frémissement du cœur, ultime samâdhi du yogin qui sent en lui la pulsation infinie de l'immensité. Cette sensation, douce comme le battement d'aile d'un papillon de nuit dans le centre du cœur, est le signe de l'accomplissement à la suite duquel, libéré de l'ondoiement du mental, il ne reste plus, comme l'écrit Abhina-

---

1. *Le chant du frémissement*, traduction et glose du *Spandakarika* par Daniel Odier, Éditions du Relié, 2004.
2. *Tantraloka, la Luce delle Sacre Scritture*, par R. Gnoli, Classici Utet, Boringheri, 1972 (réédition prochaine).
3. Tous deux traduits et commentés par Lilian Silburn, Collège de France, 1986 et 1979.
4. Traduit et commenté par André Padoux, Collège de France, 1975.

vagupta, qu'à jouir du frémissement de l'univers en soi, dans ce domaine « libre du vide et du non-vide, la Réalité shivaïte ». « Ah ! Tout est essence très pure éprouvée par soi-même. Ainsi, ne te fais pas de soucis inutiles[1]. »

Le Cœur tantrique

Le dépouillement extrême des trois textes tantriques shivaïtes fondamentaux, le Vijñânabhaïrava, le Shivasûtra et le Spandakarika, met en lumière les enseignements relatifs à la vérité absolue, donnée d'emblée aux adeptes, pour que ceux qui en ont la capacité puissent immédiatement la saisir.

Cette méthode iconoclaste et non graduelle de donner l'enseignement se retrouve aussi bien dans le Chan, dans le Mahamoudra que dans le Dzogchen : on commence par la finalité qui peut être la porte d'un éveil soudain. Si le disciple ne peut saisir et réaliser en un mouvement fulgurant de l'intuition ce qui lui est proposé, on a alors recours à l'enseignement graduel et au yoga.

L'axiome tantrique est si simple que rares sont ceux qui peuvent le saisir d'emblée :

Tu es Shiva
Shiva est le Soi
Illuminé depuis toujours
Sans naissance, ni mort
L'Univers est le jeu de ta Conscience.

---

1. *Hymnes, op. cit.*

C'est à cette non-dualité essentielle que tout l'enseignement se ramène et c'est en ce sens qu'il n'y a dans le tantrisme shivaïte, au sens absolu :
— ni divinité hors de soi ;
— ni voie à parcourir pour atteindre la délivrance ;
— ni souillure ni purification ;
— ni dualité ni non-dualité ;
— ni rituel ni pratique ;
— ni lien ni libération.

Il suffit de *reconnaître spontanément le Soi*, ce qui est le sens même du mot *Pratyabhijñâ*, l'école tantrique à laquelle j'appartiens.

Vide, spatialité, conscience, action et hasard

Si le shivaïsme a profondément influencé le bouddhisme, on peut se demander comment la notion de vacuité et de non-soi bouddhique peut se concilier avec la vacuité et le Soi suprême du shivaïsme. Pour bien comprendre cette influence sans doute réciproque, il faut avant tout garder à l'esprit que le tantrisme shivaïte n'est pas marqué par la tradition védique à laquelle le Bouddha s'est opposé en apportant une véritable révolution.

L'un des noms de Shiva est précisément « le Grand Vide », mais les shivaïtes s'opposent aux bouddhistes, très nombreux au Cachemire entre le Ier et le XIIe siècle, non pas sur le vide ou sur l'impermanence mais sur l'idée que tout étant vide, puisque en interrelation, la conscience serait également vide ou inexistante.

Pour les shivaïtes, « la Conscience est le Soi » et sans conscience le vide ne pourrait être appréhendé. Le Soi n'est qu'un miroir. Il ne contient rien mais reflète toute la réalité. Le vide des bouddhistes ne signifie pas que les choses sont inexistantes mais simplement qu'elles sont interdépendantes et dépourvues d'identité permanente, ce à quoi adhèrent les shivaïtes. Ces derniers cessent simplement de suivre les bouddhistes jusqu'au point ultime où aucune conscience, aucun miroir ne serait là pour faire l'expérience de cette spatialité. Le Soi tantrique est vide mais il possède la qualité de refléter le manifesté. Il est en quelque sorte la matrice du vide ou de la spatialité, on peut donc dire que, reflétant tout le jeu du manifesté, il ne reflète que de l'espace.

Il est évident que les maîtres bouddhistes et tantriques ont bien saisi l'absurdité d'un tel débat. Tous seraient d'accord pour affirmer avec Wittgenstein que « la philosophie a toujours tourné autour de questions absurdes » et que seule compte la pratique.

Nagarjuna, le grand penseur bouddhiste du IIe siècle, disait que croire à la réalité des choses était triste mais que s'attacher à leur vacuité était pire encore. Mon maître, Thich Nhat Hanh, cite souvent le Ratnakuta sûtra : « Il est préférable d'être pris par la notion d'être que par la notion de vacuité [...]. Lorsque vous êtes pris par la notion de vacuité, vous êtes incurables. » Il parle également du vrai moi : « Écoutez, écoutez. Ce son merveilleux me ramène à mon vrai moi[1]. »

---

1. *L'Esprit d'amour*, traduit par Marianne Coulin, coll. « Voyageurs immobiles », Lattès, 1997.

Houei-neng, le sixième Patriarche du Chan, dit dans le célèbre « Sûtra de l'Estrade »[1] : « Ne restez pas assis l'esprit vide : vous assimileriez le vide à une chute dans le néant. Le vide des espaces peut contenir le soleil, la lune et les étoiles, la grande terre, ses montagnes et ses fleuves, toutes les espèces d'arbres et de plantes, les hommes bons et les mauvais, les bonnes et les mauvaises choses, les paradis et les enfers : tout cela se trouve dans le vide. »

Dans le bouddhisme Chan du VIIIe siècle, le célèbre Ma t'sou n'a pas craint de lancer : « Tout est réel », sans doute pour mettre fin aux arguties d'écoles. Utpaladeva, maître shivaïte du Xe siècle, chante cette réalité dans ses *Hymnes* :

« Qu'aucune réalité ne m'apparaisse jamais illusoire
Mais qu'elle existe absolument réelle,
Si bien que de tous côtés,
C'est Toi qui es recouvré et honoré[2]. »

L'essentiel, et là maîtres bouddhistes et maîtres shivaïtes s'accordent parfaitement, est d'abandonner toute notion et toute dualité. Une fois ce pas franchi, qui pourrait encore débattre de la vacuité, du Soi et du non-soi ? Abhinavagupta, une fois encore, illumine la question dans ses *Hymnes* en chantant le domaine du tântrika, « libre de vide et de non-vide », qui est la Réalité shivaïte comme elle est la Réalité bouddhique.

Autre sujet de discorde, le karma, ou le poids et la

---

1. Traduit par Patrick Carré, Points Seuil, 1995.
2. Traduits par R. E. Bonnet, A. Maisonneuve, 1989.

rétribution des actes et la transmigration. Pour les shivaïtes, d'un point de vue absolu le karma ne peut exister que dans la dualité, que dans la sphère d'un sujet et d'un objet, mais à partir de l'instant où cette distance est abolie naît une parfaite écologie de l'action qui trouve son accomplissement divin et ne saurait être scindée entre acteur et objet de l'action. C'est dans la liberté divine que le moindre geste s'inscrit dans le tissu divin, où création et destruction s'accomplissent en cycles infinis. Quant à la transmigration, étant donné que pour les shivaïtes la conscience ne naît ni ne meurt, Abhinavagupta se demande « où pourrait se loger cet écho qu'est la transmigration ». Ailleurs, il parle de « la transmigration, terreur des êtres bornés[1] ».

Pour Ksemarâja : « En réalité rien ne surgit, rien ne disparaît, il n'y a que l'illustre énergie vibrante qui, bien que libre de succession temporelle, se révèle en diverses apparences. Dire qu'elle surgit et disparaît est pure métaphore[2]. »

Au niveau le plus élevé, les maîtres bouddhistes partagent cette vue. Ainsi Kalou Rinpoché enseignait-il que : « Le karma n'a pas de réalité ultime mais n'est valide qu'à un niveau conventionnel, il ne peut se développer que dans la mesure où l'incompréhension existe. Si nous avions une perception directe de l'esprit, il n'y aurait pas de karma individuel[3]. »

Dans le Dzogchen, l'enseignement se situe également

---

1. *Hymnes, op. cit.*
2. *Ibidem.*
3. Kalou Rinpoché, *Gently Whispered*, Station Hill, 1994.

au-delà du karma en se fondant sur le sûtra du Cœur dans lequel on peut lire : « Il n'y a pas de karma, pas de loi de cause et d'effet[1]. »

Les penseurs tantriques se libèrent à la fois du hasard et du déterminisme en pensant que le jeu divin de la réalité se déploie selon une structure quasi génétique à la fois interne à chaque chose et faisant partie de toutes les composantes universelles en mouvement interrelationnel. La réalité se manifeste en tant qu'absolu, Shiva est dieu de la lumière et de l'obscurité, de l'expansion et de la rétraction, du mouvement et du frémissement continu, il n'est autre que notre propre esprit illuminé.

Transmission et lignée

Pour activer l'énergie propre à un texte mystique, les maîtres tantriques considèrent que la transmission est indispensable. Comment se passe une transmission ? Il y a d'abord lecture du texte par le maître, puis invocation intérieure de la lignée dont les différents maîtres ne sont pas visualisés avec des particularités physiques ou une iconographie particulières comme dans le tantrisme tibétain mais simplement comme une succession de lumières jaillies les unes des autres à l'infini. Bien qu'un maître ait sa personnalité, son style, du point de vue de la lignée il n'est qu'un maillon d'une chaîne ininterrompue qui se perd dans la nuit des temps, et c'est précisément cela qui donne

---

1. Namkhaï Norbu Rinpoché, *Dzogchen et Tantra*, Albin Michel, 1995.

la puissance à l'initiation ou à la transmission. Dans cette optique, on considère qu'un maître authentique n'ajoute rien aux enseignements et qu'il les transmet tels qu'il les a reçus. Le travail des maîtres, pendant des millénaires, a été de gommer le superflu. Tout ce qui n'avait pas de racine absolue a été éliminé pour que ce voyage vers la conscience soit d'une merveilleuse efficacité. Il n'est donc pas question, dans une transmission, de reformater ces enseignements millénaires en objets de consommation propres à être digérés par les Occidentaux.

Lorsque le disciple a reçu cette transmission, la portée de sa pratique sera incomparable. C'est le véritable « secret » tantrique. Il ne s'agit pas de dissimuler les textes mais au contraire de les transmettre aux intelligences intuitives. Une simple lecture, aussi merveilleuse et enrichissante qu'elle soit, est dépourvue de la force de réalisation que donne une transmission. Pourtant, il existe, dans le tantrisme comme dans le Chan, plusieurs cas célèbres d'illumination à la suite d'une simple lecture...

Mon propre lien avec le Vijñânabhaïrava tantra date de ma rencontre à Kalimpong, dans le nord de l'Inde, en 1968, avec un yogin chinois, adepte du Chan et du bouddhisme tibétain. Chien Ming Chen n'avait pas quitté son ermitage depuis 1947. Ce tântrika érudit me transmit ce texte sous la forme d'un petit fascicule imprimé localement, copie que je conserve toujours et qui m'a accompagné partout. En 1972, j'en donnai une première traduction dans mon essai *Nirvâna/Tao*[1].

---

1. Disponible dans la nouvelle édition américaine sous le titre *Meditation Techniques of the Buddhist and Taoist Masters*, Inner Traditions, 2003.

En 1975, j'entrai, non sans difficultés, en contact avec mon maître tantrique, la yogini Devî, qui vivait en solitaire dans son ermitage himalayen. Je reçus d'elle les diverses initiations du shivaïsme cachemirien et cette fois, enfin, la transmission formelle du Vijñânabhaïrava tantra et des autres textes fondamentaux. En 1993, sa transmission complète s'accompagna de l'autorisation d'enseigner à mon tour et de perpétuer cette lignée Pratyabhijñâ de la reconnaissance spontanée de son propre Soi. Transmise de maître en maître, elle porte la trace vive de six ou sept millénaires de tradition shivaïte[1].

Devî fit plus qu'un commentaire par rapport au texte édité par Chien Ming Chen, elle en opéra une refonte complète pour le faire coïncider avec celui qu'elle avait reçu de son maître et qu'elle connaissait par cœur, comme d'ailleurs le Shivasûtra et le Spandakarika, sans compter un grand nombre de poèmes et de chants. Pour Devî, ce texte est avant tout un traité de pratique. Il est donc capital que sa restitution soit extrêmement claire et évite le côté trop abstrait de la version de Chen. Elle classa également les stances en fonction de leur sujet, pour m'aider à pénétrer le spectre des techniques yoguiques qui, dans le Vijñânabhaïrava tantra, abordent le même sujet sous une grande variété d'angles.

C'est cette version que je publie aujourd'hui, accompagnée des enseignements précieux que j'ai reçus de Devî. Mais la pénétration profonde de ce tantra, c'est

---

[1]. Le récit de cette initiation est paru sous le titre : *Tantra, l'initiation d'un Occidental à l'amour absolu*, coll. « Voyageurs immobiles », Lattès, 1996 ; réédition en poche chez Pocket, 1998.

avant tout à la mise en pratique de chaque stance en sa compagnie que je la dois. Pour elle, il s'agissait non seulement de comprendre mais surtout de réaliser ces enseignements. Je dédie ce livre à Devî, à sa grâce merveilleuse, à sa puissance yoguique et à son amour de tous les êtres, ainsi qu'à mon maître tibétain, Kalou Rinpoché et à mon maître Chan, Thich Nhat Hanh. Leurs trois images se fondent en une seule, celle de l'incarnation des enseignements les plus profonds alliée à l'amour libérateur.

La relation maître/disciple

Le tantrisme pose comme principe premier l'extase originelle, à la fois source et aboutissement de notre être. Cette réalité rend particulièrement fluides et dépourvus de formalisme les rapports entre maître et disciple. Elle évite toute dépendance psychologique puisque sur un plan ultime se réalise l'union du maître et du disciple. Fondée sur des rapports profonds et directs de deux individus et non sur ceux d'un groupe et d'un guru, c'est une relation extrêmement intense, personnelle et dynamique dont l'objet est d'éviter toute stagnation.

Il y a dans le tantrisme un engagement réciproque puissant fondé sur la certitude qu'il n'y a pas de différence fondamentale entre le maître et le disciple. C'est donc par un acte d'amour dépourvu d'objet que cette identité va se révéler. La relation implique d'être vu tel que l'on est par le maître. Elle suppose l'abandon des masques et l'immédiate liberté d'être qui en résulte. Voir le disciple tel qu'il est, c'est voir en premier lieu sa capacité totale à l'éveil. Dans cette optique, le maître choisit, en fonction de la personnalité du disciple, l'ordre dans lequel seront pratiqués les différents yoga exposés dans le Vijñânabhaïrava.

Les micro-pratiques, le secret tantrique

La grande originalité de la pratique tantrique telle que je l'ai reçue de mon maître, Devî, réside dans les « micro-pratiques ». Au lieu de consacrer chaque jour une ou deux heures à la méditation, le tântrika, dès le début de son ascèse, pratique les stances reçues de son maître, dix, vingt, cinquante ou cent fois par jour, avec une grande intensité, mais pendant une période très courte qui ne dépasse pas une minute. Plutôt que d'allonger le temps de pratique, le yogin augmente le nombre de pratiques. L'effet des micro-pratiques est saisissant. En quelques semaines seulement, elles permettent au tântrika de goûter aux fruits de l'ascèse et de s'établir dans un espace qui ne cesse de croître. Cette tension immédiatement suivie de détente est la clé de la réussite. Elle permet à l'esprit d'accéder assez rapidement à la pratique spontanée sans être fatigué par une crispation trop longue suivie d'un retour à l'automatisme, source de notre souffrance. Par sa subtilité, la micro-pratique permet de suivre une ascèse profonde au sein même de la société. Elle permet d'intégrer vie pratique et vie mystique dans une présence à la réalité qui ne cesse de croître. L'esprit acquiert rapidement une merveilleuse souplesse et goûte au plaisir de pratiquer en tous lieux et en toutes circonstances.

L'effet de la transmission est puissant. Dès les premières semaines de pratique la conscience de tréfonds, l'inconscient, est baignée par la puissance de la Shakti dont l'énergie va habiter le disciple. Cette force fait alors vibrer toutes les couches de l'être et traverse les trois états de veille, de rêve et de sommeil profond, modifiant fondamentalement les possibilités de réalisation du disciple.

Le lien du rêve est capital dans le tantrisme et c'est pourquoi le maître trouve l'écho des rêves du disciple en lui-même. Il arrive également que les initiations soient transmises en rêve, ce qui les rend encore plus puissantes puisqu'elles ne sont pas alors limitées par la pensée discriminante.

L'intensité de cette relation, que le tantrisme qualifie de « passionnée », fait émerger les qualités profondes du disciple et permet au maître lui-même de se libérer, car il est « un » avec son disciple dont il partage les émotions, les extases, les désirs, les angoisses, les peurs et même l'obscurcissement. Cette très belle conception de la relation demande une remise en question constante et c'est dans ce jeu profond que le maître est porté par l'éclosion de chaque disciple qu'il ne craint pas d'adorer comme Shiva/Shakti alors que cette adoration lui est rendue par le disciple. C'est là l'un des points les plus extraordinaires de cette quête de la non-dualité où maître et disciple font corps dans le réel et l'absolu.

La quête passionnée

Alors que la plupart des voies spirituelles sont fondées sur le détachement et l'abandon des passions par l'ascèse, les maîtres tantriques, dans une ascèse peut-être encore plus ardue car semée de pièges, se font les défenseurs d'une quête passionnée, d'un yoga intégral où le disciple découvre une forme d'amour inconditionnel qui ne s'accompagne d'aucun « plan ». « L'intensité de l'adoration passionnée », dont parle la stance 121, ouvre l'intuition et fait accéder au domaine de Shiva/Shakti. Le disciple, qui ne craint pas de plonger dans un tel amour mystique où l'intensité des émotions libérées découvre la voie de l'amour absolu, pulvérise toutes les limites mentales. Par cette intensité libérée, le disciple réalise que cet amour qui circule entre le maître et lui est la manifestation de *shaktipata*, la présence de la Shakti. Il accède alors à Spanda, le frémissement continu de l'être centré dans le cœur qui s'achève par la montée de la Kundalini et l'éveil.

Utpaladeva, poète et maître shivaïte du Xe siècle de l'école Pratyabhijñâ dont la lignée est la suivante :
Vasugupta
Somânanda
Utpaladeva
Laksmanagupta
Abhinavagupta
Ksemarâja
est l'auteur des merveilleux *Hymnes de louange à Shiva*[1] dans lesquels il chante ce lien :

---
1. Traduits par R. E. Bonnet, A. Maisonneuve, 1989.

« Quand m'adonnerais-je au jeu divin
De déguster l'élixir d'immortalité de ton amour. »

Une telle conception de l'enseignement et de la transmission interdit toute massification du tantra et commande une exigence absolue par rapport à la manière dont il est enseigné en privilégiant le lien personnel du maître et du disciple.

Très vite, dès que les bases philosophiques sont acquises et que l'obstacle du doute est balayé, il y a engagement de deux êtres qui acceptent pleinement ce face-à-face, ce cœur-à-cœur intense dans un élan vers le divin. C'est alors la pleine éclosion de l'amour absolu que maître et disciple connaissent dans ce frémissement passionné réciproque qui est la qualité vibratoire du Soi enfin reconnu.

Shiva, créateur du yoga et de la danse extatique

Pour participer à ce vaste mouvement cosmique qui n'est plus vu comme un spectacle extérieur à l'homme mais comme mouvement de son propre Soi, le tântrika se voue au yoga tel qu'il est exposé dans le Vijñânabhaïrava. Chacune des cent douze dhâranâ ou voie yoguique peut le faire accéder au samâdhi, état d'extase non duel, les yeux ouverts, les sens disséminés dans la Réalité gorgée d'absolu. Il accède alors à une communication totale avec les choses et les êtres au point que le dialogue intérieur, ce bourdonnement constant du mental qui nous empêche d'être présents au monde, se tait complètement.

Tantra yoga

Dans ce silence où les mots ne se succèdent plus, dans un mental apaisé où plus rien n'empêche le tântrika de toucher les choses profondément, chaque perception atteint directement la conscience-réceptacle. Il y a alors union (yoga) et, dans cette immensité silencieuse, pulsation, vibration, frémissement de la conscience semblable à une corde d'instrument doucement touchée qui vibre dans le Cœur ouvert et qui entraîne toutes les autres roues (chakra) qui se mettent à tournoyer.

Par le toucher, le regard, le contact subtil du corps dégagé des limitations de l'ego avec la réalité, le yoga et la danse extatique au son de la nuit étoilée, le tântrika goûte au jeu divin, à la félicité, au sein même de la manifestation et de la réalité palpable. N'étant pas tombé dans le piège de l'inassouvissement, sa conscience perd toute contraction. Il touche alors à une liberté d'être absolue et n'a plus aucune pratique à accomplir puisque tout est pour lui contemplation de son propre Soi. Le tântrika réalise alors l'identité absolue, dépourvue de pensée dualisante (*vikalpa*), saisie par un mouvement vif de l'intuition. Il jouit de l'unité non relationnelle à l'univers et connaît enfin sa propre nature, présente de toute éternité mais que la pensée n'avait pas pu lui révéler.

C'est à cette extraordinaire expérience que nous convie le Vijñânabhaïrava tantra.

TROISIÈME PARTIE

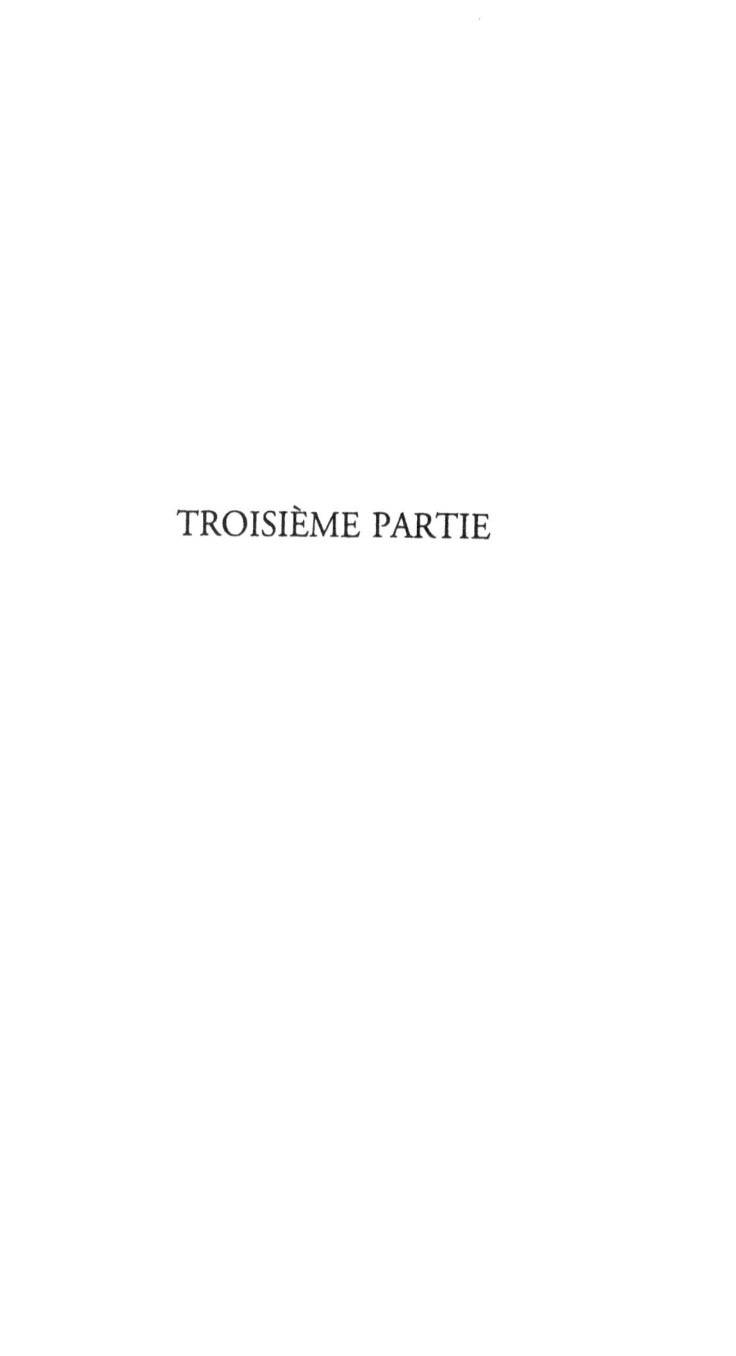

Bhaïrava et Bhaïravi, amoureusement unis dans la même connaissance, sortirent de l'indifférencié pour que leur dialogue illumine les êtres.

1. Bhaïravi, la Shakti de Bhaïrava, dit :
Ô Dieu, toi qui manifestes l'univers et te joues de cette manifestation, tu n'es autre que mon Soi. J'ai reçu l'enseignement du Trika, qui est la quintessence de toutes les écritures sacrées. Cependant, j'ai encore quelques doutes.

Trika, la triple énergie divine, trident, trame de la conscience finement imbriquée à la réalité qui me permet de désirer Shiva/Shakti, de connaître Shiva/Shakti, de réaliser Shiva/Shakti. Le Trika, identique à Pratyabhijñâ, montre la voie de la fusion de la conscience individuelle, limitée par l'ego, à la conscience universelle. Par l'énergie de Bhaïrava/Bhaïravi, essence de mon Soi, la spatialité est spontanément reconnue. Alors, dans le frémissement du cœur se révèlent les écritures sacrées.

2-4. Ô Dieu, du point de vue de la réalité absolue, quelle est la nature essentielle de Bhaïrava ? Réside-t-elle dans l'énergie liée aux phonèmes ? Dans la réalisation de la nature essentielle liée à Bhaïrava ? Dans un mantra particulier ? Dans les trois Shakti ? Dans la présence du mantra vivant dans chaque mot ? Dans le pouvoir du mantra présent dans chaque particule de l'univers ? Réside-t-elle dans les chakra ? Dans le son « HA » ? Ou bien est-ce uniquement la Shakti ?

La réalité relative est du domaine des croyances, de l'adhésion aux concepts et de tout ce qui est figé par une attitude formelle, un rituel, une relation imaginaire entre le soi limité par l'ego et le Soi divin.

La réalité absolue est le domaine de ce tantra qui élimine tout support mental pour accéder au divin en soi.

Une fois savouré l'état divin, le rituel prend alors une autre coloration puisqu'il est offrande à son propre soi dégagé de toute dualité.

5-6. Ce qui est composé est-il issu de l'énergie immanente et transcendante ou ne ressort-il que de l'énergie immanente ? Si ce qui est composé ne ressort que de l'énergie transcendante, la transcendance même n'aurait alors plus d'objet. La transcendance ne peut être différenciée en sons et en particules car sa nature indivise ne lui permet pas de se trouver dans le multiple.

L'identité de Shiva/Shakti, le frémissement au cœur du yogin, est la non-voie qui part du cœur et se déverse dans le cœur, mouvement incessant de rétraction et d'expansion. C'est la respiration de Shiva/Shakti en moi.

*7-10. Ô Seigneur, que ta grâce abolisse mes doutes !
Parfait ! Parfait ! Tes questions, Ô Bien-aimée, forment la quintessence des tantra. Je vais t'exposer un savoir secret. Tout ce qui est perçu comme une forme composée de la sphère de Bhaïrava doit être considéré comme une fantasmagorie, une illusion magique, une cité fantôme suspendue dans le ciel. Une telle description n'a comme objet que de pousser ceux qui sont en proie au doute et aux activités mondaines à se tourner vers la contemplation. De tels enseignements sont destinés à ceux qui sont intéressés par les rites et les pratiques extérieures et sont soumis à la pensée dualisante.*

L'illusion dualiste rend possibles rites et pratiques extérieurs, mais dans la conscience absolue, dans un perpétuel mouvement d'adoration qui jamais ne se dégage du divin et ne peut cesser de l'adorer, chaque mouvement, chaque pensée, chaque émotion est l'épanchement du divin en moi.

11-13. Du point de vue absolu, Bhaïrava n'est associé ni aux lettres ni aux phonèmes, ni aux trois Shakti, ni à la percée des chakra, ni aux autres croyances et la Shakti ne compose pas son essence. Tous ces concepts exposés dans les écritures sont destinés à ceux dont l'esprit est encore trop immature pour saisir la Réalité suprême. Ils ne sont que des friandises destinées à inciter les aspirants à une voie de conduite éthique et à une pratique spirituelle, afin qu'ils puissent un jour réaliser que la nature ultime de Bhaïrava n'est pas séparée de leur propre Soi.

Bhaïrava le terrible, entouré d'un halo de feu, détruit l'illusion et l'ego qu'il piétine. Forme extérieure, pensée duelle, aspiration à l'union se volatilisent sous l'énergie de la Shakti qui par son frémissement continu détruit toute dualité. Alors Bhaïrava flamboie dans mon propre cœur.

14-17. L'extase mystique n'est pas soumise à la pensée dualisante, elle est totalement libérée des notions de lieu, d'espace et de temps. Cette vérité ne peut être touchée que par l'expérience. On ne peut l'atteindre que lorsqu'on se libère totalement de la dualité, de l'ego, et qu'on s'établit fermement dans la plénitude de la conscience du Soi. Cet état de Bhaïrava est gorgé de la pure félicité de la non-différenciation du tântrika et de l'univers, lui seul est la Shakti. Dans la réalité de sa propre nature ainsi reconnue et contenant l'univers entier, on touche à la plus haute sphère. Qui donc pourrait être adoré ? Qui donc pourrait être comblé par cette adoration ? Seule cette condition de Bhaïrava reconnue comme suprême est la Grande Déesse.

Tantra yoga

J'ai cherché la Shakti sur le chemin du savoir et je ne l'ai pas trouvée. J'ai cherché la Shakti sur le chemin de l'expérience et je ne l'ai pas trouvée. J'ai cherché la Shakti dans l'univers fragmenté de ma pensée, elle m'a échappé. Lorsque j'ai cessé de la chercher dans le différencié, elle m'est apparue dans ton regard où l'univers entier se reflète au cœur de mon propre cœur.

18-19. Comme il n'y a plus de différence entre la Shakti et celui qui la possède, ni entre substance et objet, la Shakti est identique au Soi. L'énergie des flammes n'est autre que le feu. Toute distinction n'est qu'un prélude à la voie de la véritable connaissance.

Alors, ivre d'amour au centre du Soi, entièrement consumé par le feu de Bhaïravi, le monde s'ouvre avec la conscience. La Shakti ne cesse d'offrir sa yoni au frémissement de ma langue, son essence sublime devient le nectar qui nourrit mon cœur.

20-21. Celui qui accède à la Shakti saisit la non-distinction entre Shiva et Shakti et passe la porte d'accès au divin. Ainsi qu'on reconnaît l'espace illuminé par les rayons du soleil, ainsi reconnaît-on Shiva grâce à l'énergie de Shakti qui est l'essence du Soi.

Le flot qui sans cesse me traverse est la lumière des tantra qui s'écoule en mon cœur.

22-23. Ô Dieu suprême ! Toi qui portes un trident et un collier de crânes, comment atteindre la plénitude absolue de la Shakti qui transcende toute notion, toute description et abolit le temps et l'espace ? Comment réaliser cette non-dualité avec l'univers ? Dans quel sens dit-on que la suprême Shakti est la porte secrète de l'état bhaïravien ? Peux-tu répondre par le langage conventionnel à ces questions absolues ?

Le yoga de l'espace et de la lumière

Cette première stance contient à elle seule la totalité de la pratique yoguique. Le tântrika, à travers l'action, reconnaît sa plénitude spatiale. Dès lors, celle-ci investit chaque instant de la vie et constitue le yoga le plus élevé. Devî disait que cette stance, la première qu'elle reçut de son maître, était à la fois le vrai début de la voie tantrique et son aboutissement, et que la clé de cette pratique se trouvait dans la stance 121 :

L'intuition qui émerge de l'adoration passionnée s'écoule dans l'espace, libère et fait accéder au domaine de Shiva/Shakti.

Les stances sur l'espace et la lumière sont destinées à pousser le tântrika à l'abandon total, à l'adoration passionnée qui seule détend le corps/conscience et lui permet de réaliser la spatialité. Cet espace lumineux, c'est celui qui est sous-jacent à toute action et que nous ne percevons pas à cause de notre contraction. Il suffit donc de se détendre complètement pour accéder à la splendeur du Soi. Tout le yoga tantrique nous pousse à cette ouverture.

92. Marchant, dormant, rêvant, la conscience ayant abandonné tout support, connais-toi en tant que présence lumineuse et spatiale.

Marcher, dormir, rêver est alors ma seule pratique. Tout le domaine du rassurant volatilisé, il n'y a plus rien pour étayer l'angoisse. Marcher, dormir, rêver alors que la Shakti illumine chaque instant. L'inconscient lui-même s'ouvre à la spatialité. Il est le fond d'un puits où je descends m'abreuver à toi.

61. Dans l'espace vide qui sépare deux instants de conscience, se révèle la spatialité lumineuse.

Ma conscience respire, mon souffle fait entrer l'espace dans mon corps et, soudain, la conscience abandonne les formes que j'expulse doucement par la bouche.

Tantra yoga

122. L'attention fixée sur un seul objet, on pénètre tout objet. Qu'on se relâche alors dans la plénitude spatiale de son propre Soi.

J'ai voulu voir la diversité du monde, je suis passé d'une merveille à l'autre, insatiable, impatient, gourmand de la multiplicité, jusqu'au jour où en moi j'ai vu l'univers tout entier.

43. Lorsque tu saisis la spatialité lumineuse de ton propre corps irradiant dans toutes les directions, tu te libères de la dualité et t'intègres à l'espace.

Cet espace ne cesse de couler en moi et de m'abreuver jour et nuit, et je connais l'amour.

48. Suppose que ton corps est pure spatialité lumineuse contenue par la peau et accède au sans-limite.

L'amour révèle l'existence de la peau, de la spatialité lumineuse qui me gonfle comme une outre. Lorsque j'explose, je saisis que la Shakti a besoin de l'intégralité de mon espace illimité.

47. Ô femme aux yeux de gazelle, laisse l'éther pénétrer ton corps, fonds-toi dans l'indicible spatialité de ton propre esprit.

Lorsque l'éther lèche ma conscience, traverse ma langue, ma colonne vertébrale, mon regard, je m'accorde au frémissement du cœur où tu respires en moi.

46. En un instant, perçois la non-dualité en un point du corps, pénètre cet espace infini et accède à l'essence libérée de la dualité.

Lorsque tu poses ta main sur moi, à cet endroit même le sujet et l'objet s'abolissent dans l'espace du Soi.

85. Pénètre dans la spatialité lumineuse de Bhaïrava disséminée dans ta propre tête, sors de l'espace et du temps, sois Bhaïrava.

Tes mains posées sur ma tête dissolvent les os mêmes qui me servent de limite. Lorsque tu les retires, quel espace ne serait pas Bhaïrava et quel Bhaïrava ne serait pas la Shakti dégagée de l'ombre du temps ?

37. Si tu médites dans le cœur, dans le centre supérieur ou entre les deux yeux, se produira l'étincelle qui dissoudra la pensée discursive, comme lorsqu'on effleure les paupières avec les doigts. Tu te fondras alors dans la conscience suprême.

Ton feu enflamme l'espace du cœur, l'espace du cœur consume la dualité, le sourd grondement de l'incendie atteint l'illimité.

58. Ô Grande Déesse ! Perçois la spatialité de l'Univers et deviens la jarre qui le contient.

Que ton plaisir ne cesse de couler en moi. Maintenant que j'ai connu l'amour, je ne serai jamais plein ni vide de toi.

PRATIQUE : Abandonner les supports mentaux, les formes, la conscience discriminante, est la porte de la libération de la tension, du doute, de l'angoisse et de la souffrance. Lorsque la réalité peut fluer librement dans un corps/pensée ouvert et détendu, on s'aperçoit que le rythme du monde coïncide avec le rythme de l'esprit dans une succession rapide et légère. Cette présence ainsi découverte, chaque événement ajoute à notre vibration fondamentale joie et frémissement. Tout apporte de la fraîcheur, de l'espace, de la lumière, car le tântrika fait l'expérience d'un corps/esprit dépourvu de limites. Il englobe l'univers dans une félicité continue.

Les trois états mentionnés dans la première stance : marcher (l'état de veille), dormir (le sommeil profond), rêver (l'état de rêve), sont alors couronnés par un quatrième, *turya*, celui de la pure subjectivité. Au-delà de ce quatrième état, il y encore *turyâtîta*, l'état d'absolue plénitude du Soi.

Le yogin accède alors à l'état libéré de la dualité et de la non-dualité, chacune contenant l'autre en puissance.

Le Prânâyâma yoga

Le Vijñânabhaïrava tantra présente de façon succincte ce que les techniques respiratoires yoguiques (*prânâyâma*) ont de plus profond. Ces pratiques, centrées sur la pleine conscience du processus respiratoire et de ses arrêts, entre l'inspiration et l'expiration, sont la base de tout progrès vers le samâdhi, le yoga du rêve, la pratique des mantra. Cette conscience des pauses respiratoires raffine progressivement l'énergie du souffle et en fait la porte d'entrée des états extatiques et le passage obligé qui prélude à toute montée de la Kundalini.

Le travail sur le souffle, tel qu'il est pratiqué dans l'école Pratyabhijñâ, est extrêmement doux et progressif. Son but est l'ouverture du cœur, non l'agitation et la violence qui produisent des montées d'énergie chaotiques. Ce travail va de pair avec le détachement vis-à-vis de l'ego et la non-crispation de l'esprit qui permettent de saisir le Soi libéré de ses limitations. Le travail du souffle est extrêmement puissant, les maîtres disent même que mal compris et mal appliqué, il peut être cause de dépression.

La première étape de prânâyâma s'accomplit dans une respiration douce, subtile et silencieuse. Il s'agit de respirer d'une manière continue, sans que la conscience quitte le cycle respiratoire. La conscience des points dont il est question dans le Vijñânabhaïrava tantra vient de ce seul accompagnement. Comme toujours dans le tantra, il n'y a pas création de quelque chose mais attention à ce qui est. Cette première étape est à pratiquer aussi longtemps qu'une seule inspiration ou expiration échappe à notre conscience pendant le temps déterminé par le maître, aussi bien dans la contemplation que dans l'action.

La seconde étape demande encore plus d'attention. Cette fois, la respiration est sonore. Elle se pratique dans un centrage absolu et conduit à une respiration centrale et extrêmement subtile. La respiration se divise comme les tons de la musique indienne, en subdivisions (*tuti*). Du cœur intérieur au cœur extérieur, il y a seize tuti. Cette manière de prendre conscience de l'espace, de la trajectoire du souffle, est faite pour mener progressivement à concentrer cet espace tout en allongeant la respiration. Grâce à cette respiration, les pauses entre l'état de veille, l'endormissement et le sommeil profond deviennent les portes du quatrième état, *turya*, état d'absorption contemplatif si profond que la conscience investit toutes les énergies, au-delà même du sommeil sans rêves qui devient le lieu secret du Soi investi par la conscience. Turya est donc le quatrième état auquel on accède par la pratique du souffle sans laquelle la conscience ne peut s'établir dans la totalité.

La concentration sur les « cœurs » s'opère simultanément à l'action. C'est la partie la plus importante du travail du souffle. Lorsque le tântrika peut suivre le cours de la vie quotidienne tout en continuant à demeurer au cœur du souffle, il s'établit dans la pratique continue.

24. La suprême Shakti se manifeste lorsque le souffle inspiré et le souffle expiré naissent et s'éteignent aux deux points situés en haut et en bas. Ainsi, entre deux respirations, fais l'expérience de l'espace infini.

Le parfum divin de ton corps entre par la lune de ma narine gauche et sort par le soleil de ma narine droite, mais lorsqu'il n'entre ni ne sort je suis plein de toi.

64. Dans toute activité, concentre-toi sur l'espace qui sépare l'inspiration de l'expiration. Ainsi, accède à la félicité.

Où que j'aille, quelle que soit la position de mon corps, dans cette pause universelle, nous jouons, ivres d'amour.

Tantra yoga

25. À travers le mouvement et l'arrêt du souffle, entre l'expiration et l'inspiration, lorsqu'il s'immobilise aux deux points extrêmes, cœur intérieur et cœur extérieur, deux espaces vides te seront révélés : Bhaïrava et Bhaïravi.

La révélation de mon cœur intérieur, celle de mon cœur extérieur, Bhaïrava et Bhaïravi, dans le grand cycle de la respiration continue, qui peut dire si j'entre en toi ou si tu entres en moi ?

26. Le corps relâché au moment de l'expiration et de l'inspiration, perçois, dans la dissolution de la pensée duelle, le cœur, centre de l'énergie où s'écoule l'Essence absolue de l'état bhaïravien.

La pensée s'éparpille dans l'espace sans laisser la moindre trace. Alors l'essence s'écoule en moi parce qu'elle n'est que ton cœur.

27. Lorsque tu as inspiré ou expiré complètement et que le mouvement s'arrête de lui-même, dans cette pause universelle et paisible, la notion du « moi » disparaît et la Shakti se révèle.

L'extase originelle, je l'ai touchée le jour où l'ego s'est volatilisé sous le souffle de l'amour et, là, j'ai vu que tu m'attendais, endormie, rêvant dans mon propre cœur.

31. Concentre l'attention entre les deux sourcils, garde ton esprit libre de toute pensée dualisante, laisse ta forme se remplir avec l'essence de la respiration jusqu'au sommet de la tête et, là, baigne dans la spatialité lumineuse.

> Une nuit, j'ai senti ta langue entre mes deux sourcils et soudain j'ai réalisé que tu me léchais pour me dire que nous n'étions ni un ni deux, et j'ai pénétré l'espace.

PRATIQUE : Certains maîtres tantriques pour lesquels ces stances sont essentielles n'enseignent rien d'autre que le déconditionnement des tensions du corps et de l'esprit. Pour eux, échapper à la contraction est la clé de sortie de l'état duel. Si nous percevons une dualité, c'est simplement que notre corps/esprit est encore contracté.

La détente totale fait toucher l'état d'éveil originel et nous comprenons alors qu'il n'y avait rien à trouver hors du Soi. Ni quête, ni chemin, ni possession d'un état ou d'une divinité qui serait autre que l'état naturel du Soi.

Dans cette manière de pratiquer, l'accent est mis d'emblée sur l'identité absolue du maître et du disciple, ainsi que sur l'idée de se garder de faire quoi que ce soit pour obtenir quelque chose.

Dans cette perspective, la qualité la plus importante est la capacité de s'abandonner totalement. S'abandonner à son maître, s'abandonner à la pratique en déconstruisant à mesure qu'ils apparaissent tous les fantasmes spirituels.

Le yoga de l'obscurité

Ces pratiques qui appartiennent au substrat chamanique du shivaïsme sont parmi les plus impressionnantes. Par la contemplation de l'obscurité, le yogin apprend à connaître et à accepter sa part d'ombre, à s'y laisser glisser, à s'y dissoudre. Ce n'est qu'au terme de ce voyage, qui peut être terrifiant, que le yogin intégrera que l'ombre et la lumière investies sont le sens profond de la quête non duelle, et l'identité à Shiva/Shakti à travers la forme de Bhaïrava.

Pour être menées à bien, ces pratiques s'accomplissent dans la solitude, au cœur d'une nature sauvage et désolée où, naturellement, le yogin va rencontrer ses propres peurs de la dissolution. Lorsque ces premières peurs sont intégrées, la contemplation des ténèbres internes et externes se fait spontanément car la sensibilité est ouverte par un lieu où le rassurant ne fait pas partie du paysage.

La forme terrible de Bhaïrava, parfois remplacée par celle de Kâli, tous deux porteurs du collier de têtes coupées et entourés d'un cercle de feu, nous place face à la mort, à l'illusion, au sang, à la violence mais, surtout, une fois ces passages obscurs traversés, face à la lumière et à l'amour absolu dont ils sont partie intégrante.

87. Pendant une nuit noire et sans lune, les yeux ouverts sur les ténèbres, laisse ton être tout entier se fondre dans cette obscurité et accède à la forme de Bhaïrava.

Grâce à toi, j'ai connu la grande peur, j'ai touché mes propres ténèbres, j'ai osé respirer jusqu'à me dissoudre dans cette obscurité où tu m'attendais, rayonnante.

88. Les yeux clos, dissous-toi dans l'obscurité, puis ouvre les yeux et identifie-toi à la forme terrible de Bhaïrava.

Ton rayonnement m'a brûlé. Tes flammes m'ont consumé. Ce brasier était celui de l'amour où j'ai abandonné toute rigidité.

PRATIQUE : Pour préparer à cette fusion avec l'obscurité par la contemplation du corps bleu nuit de Bhaïrava, celle du corps de Kâli ou leur présence dans les ténèbres d'une nuit sans lune, les maîtres tantriques invitent souvent leurs disciples à une retraite dans une pièce obscure. Cette pièce, bien aérée, doit comporter toutes les commodités pour que le retraitant puisse y vivre sans en sortir pendant le nombre de jours requis.

Au début, pour s'acclimater, on passe environ deux jours dans cette cellule obscure. Puis on décide d'y passer plus de temps.

C'est une pratique extrêmement puissante qui permet d'affronter sa peur fondamentale de la dissolution. Elle permet de laisser émerger des angoisses profondément enfouies dans la conscience de tréfonds et de faire l'expérience de la lumière intérieure. La pratique trouve un rythme qui ne semble plus lié au temps, dont on a une conscience distendue, simplement ponctuée par les repas et par les visites fréquentes du maître. De telles pratiques nécessitent une immense confiance dans la relation. Elles permettent également de se défaire de peurs ancestrales et de toucher à un silence très profond.

Certains yogin passent parfois des mois, voire des années, dans de telles retraites.

La guirlande des lettres

La pratique de la guirlande des lettres, prisée par Abhinavagupta, est une méthode de méditation raffinée qui touche au langage, à l'activité automatique de ce qui ne cesse de parler en nous et au lien avec la réalité. Dans un premier temps, le yogin prend conscience de son discours intérieur qui ne cesse de placer l'ego entre la perception du monde et sa conscience. Lorsque cet incessant commentaire du réel est bien perçu, le yogin dirige son attention vers les phrases qui s'enchaînent puis vers les mots qui les forment pour arriver enfin aux lettres qui forment les mots. Les cinquante lettres sanscrites correspondent aux cinquante têtes coupées qui ornent les colliers de Bhaïrava et de Kâli. Les têtes coupées sont aussi le symbole des notions qui sont tranchées par la guirlande des lettres grâce à laquelle nous prenons progressivement conscience des pièges du langage, des pièges des notions et croyances liées au langage, de la séparation que ces notions créent entre les hommes, mais surtout de notre propre perturbation mise au jour, touchée profondément, ralentie par l'usage de la méditation puis arrêtée par la pratique de la guirlande des lettres.

Lorsque le yogin se concentre sur les phrases, il accompagne le plein déploiement de la perturbation. Lorsqu'il passe aux mots isolés les uns des autres, le sens commence à devenir discontinu car les articulations du langage ne sont plus là pour assurer une pleine cohérence. Lorsque, dans un troisième temps, le yogin se concentre sur les lettres formant chaque mot, la pensée se dissout dans une sorte d'abstraction où tous les éléments du langage construit sont présents mais sans être reliés.

Cette expérience se pratique dans les deux sens, partant des phrases pour arriver aux lettres ou des lettres pour arriver aux phrases. Elle mène à une profonde conscience du langage et de son rapport avec le fonctionnement de l'esprit, du lien au son. Elle porte à se poser cette question : « Y a-t-il pensée sans langage, sans image ? »

Se vouer à cette recherche est l'un des moyens « intellectuels » proposé par le Vijñânabhaïrava tantra.

42. Visualise une lettre, laisse-toi remplir par sa luminosité. La conscience ouverte, entre dans la sonorité de la lettre, puis dans une sensation de plus en plus subtile. Lorsque la lettre se dissout dans l'espace, sois libre.

Les phrases sortent comme une guirlande qui me lie à l'ego. Mais lorsque je vois chaque fleur de cette guirlande, les mots perdent leur sens et libèrent l'esprit du discours ininterrompu. Lorsque les fleurs se dissolvent enfin, il ne reste que les pétales des lettres et, l'esprit totalement délié, chaque lettre manifeste ta présence que le discours occultait.

90. Prononce de tout ton être un mot finissant par le son « AH » et dans le « H » laisse-toi emporter par le flot de sagesse qui surgit.

Quel est ce mot mystérieux finissant par le son « ah... » me suis-je demandé avant de sentir la caresse de ton corps. Alors dans ce soupir extatique, ah ! j'ai pu me laisser emporter.

39. Ô Bhaïravi, chante « OM », le mantra de l'union amoureuse de Shiva et Shakti, avec présence et lenteur. Entre dans le son et, lorsqu'il s'éteint, glisse dans la liberté d'être.

Corps à corps, cœur à cœur, tu m'as soufflé le mantra enraciné dans le « ah ». Alors le son est devenu l'union de nos voix.

114. Arrête la perception du son en te bouchant les oreilles. En contractant l'anus, entre en résonance et touche ce qui n'est soumis ni à l'espace ni au temps.

Tout résonne dans le silence où l'espace et le temps s'ouvrent au point de ne plus exister.

38. Entre dans le centre du son spontané qui vibre de lui-même comme dans le son continu d'une cascade ou, mettant les doigts dans les oreilles, entends le son des sons et atteins Brahman, l'immensité.

Le son spontané s'est produit le jour où tu as pénétré mon cœur et où ton amour s'est mis à vibrer aussi doucement que les ailes d'un papillon de nuit.

Tantra yoga

40. Concentre-toi sur l'émergence ou la disparition d'un son, puis accède à la plénitude ineffable du vide.

D'où le son pourrait-il émerger ? En quel lieu pourrait-il s'éteindre ? J'ai écouté toute la nuit et j'ai fini par entendre cette vague vibrante qui va et vient dans mon cœur.

41. En étant totalement présent au chant, à la musique, entre dans la spatialité avec chaque son qui émerge et se dissout en elle.

Lorsque la musique du monde m'est offerte, je la reçois, frémissant de joie, car elle n'est autre que ta propre voix sous de multiples formes.

81. La bouche ouverte, place ton esprit dans ta langue au centre de la cavité buccale, avec l'expiration émets le son « ha » et connais la présence paisible au monde.

Cette langue fichée au centre de ma bouche, dans l'intensité contemplative qui joue avec le relâchement total du corps, c'est le frémissement de mon lingua au centre de ta yoni noyée d'essence sublime.

130. Bhaïrava est un avec ta conscience lumineuse. En chantant le nom de Bhaïrava, tu deviens Shiva.

Dès que frémissent mes cordes vocales, tout n'est qu'un chant qui répète inlassablement ton nom et qui abolit toute distance.

Pratique : Le travail sur le son est privilégié dans le tantrisme cachemirien. Les grands maîtres historiques ont très souvent eu recours à des métaphores musicales pour expliquer l'état du yogin. Le corps est le temple de Shiva/Shakti. En développant ses capacités vibratoires, nous l'ouvrons au divin. On compare souvent le corps du tântrika à un saranghi, un instrument à cordes beaucoup utilisé dans le nord de l'Inde. Cet instrument comporte des cordes vibratoires. Il est particulièrement délicat à accorder. Une fois ce travail accompli, une harmonique issue d'un autre instrument peut le faire vibrer. On compare donc la sensibilité du yogin à celle du saranghi.

La pratique du yoga tantrique nous ouvre à cette sensibilité et le son, que ce soit celui de notre propre voix ou celui venu de l'extérieur, introduit en nous une vibration créative qui peut devenir continue. Cet être frémissant au contact du monde est l'idéal du yogin tantrique.

Le son, le frémissement, donnent à l'être la fluidité, la spatialité qui empêchent l'établissement des notions, des croyances et de toute structure figée. Le yogin se trouve alors dans un état de constante créativité subtile et touche à cette liberté d'être si souvent évoquée dans les enseignements.

La contemplation

La contemplation s'accomplit dans la félicité du yogin qui ne fait plus qu'un avec le divin et le réel saisis dans l'élan spontané du cœur. Pour ce faire, un grand choix de techniques sont à la portée du tântrika. Chacune d'elles le ramène à la spatialité de son propre esprit, de son propre cœur. Deux mots qui désignent le lieu de l'accomplissement.

Les supports ne sont pas des divinités sublimées mais au contraire des objets simples tels qu'il nous est donné d'en voir tous les jours, bol, mur, noix de muscade, caillou ou, au contraire, lieux vastes et déserts.

Quelques postures originales sont suggérées pour accroître cette sensation d'espace en notre propre corps. Parfois le yogin s'abstrait de la sensation en bouchant les ouvertures de la tête, parfois il se dissout dans le réel. Parfois l'infini se trouve localisé en un point du corps (*bindu*), parfois il est trouvé dans la présence simultanée à travers les trente-six *tattva* qui couvrent la totalité de l'expérience humaine et dont chaque élément particulier est saturé de divin.

L'une de ces dhâranâ insiste sur la lenteur des gestes. C'est l'une des contemplations en action les plus efficaces sur laquelle Devî insistait particulièrement. Le ralentissement des mouvements de notre corps synchronisé à la présence respiratoire est l'une des méditations les plus efficaces pour connaître de profonds instants extatiques, l'extase étant comprise comme une ouverture simultanée vers l'extérieur et l'intérieur. Tout mouvement du corps suffisamment ralenti nous fait toucher à l'harmonie lorsqu'on en prend l'habitude. C'est une merveilleuse façon de mettre au jour le côté chaotique de nos déplacements et d'atteindre à une grâce des gestes usuels que Devî voyait comme un indispensable prélude à la danse extatique, *Tândava*.

32. Imagine les cinq cercles colorés d'une plume de paon comme étant les cinq sens disséminés dans l'espace illimité et réside dans la spatialité de ton propre cœur.

Dans ces couleurs insondables les sens s'épanchent, ils touchent à la réalité du monde et font palpiter la conscience qui se nourrit de cet amour incessant où tout contact est une offrande à ton cœur.

79. Dans une position confortable, les mains ouvertes à la hauteur des épaules, une zone de spatialité lumineuse se diffuse graduellement entre tes aisselles, elle ravit le cœur et cause une paix profonde.

Une nuit, tu m'as soufflé sur les aisselles et soudain mon cœur s'est mis à palpiter.

115. Au bord d'un puits, sonde, immobile, sa profondeur jusqu'à l'émerveillement et fonds-toi dans l'espace.

C'est en toi que j'ai connu cet émerveillement. C'est au fond de ta yoni ouverte sous la lune que j'ai touché l'espace infini.

59. Regarde un bol ou un récipient sans en voir les côtés ou la matière. En peu de temps prends conscience de l'espace.

Dans la terre séchée de nos bols, le monde était friable, l'univers léger, la matière impalpable et c'est l'espace qui coulait en nous avec la saveur du thé.

33. Vide, mur, quel que soit l'objet de contemplation, il est la matrice de la spatialité de ton propre esprit.

Lorsque j'ai compris en te regardant que tout contact de tes yeux avec la multiplicité du réel était un acte d'amour, mes yeux se sont ouverts à la réalité.

78. Assis confortablement, pieds et mains dans le vide, accède à l'espace de la plénitude ineffable.

Je t'ai vue assise dans l'espace, rayonnante et rêveuse, nourrissant les mondes de ta puissance lumineuse.

Tantra yoga

124. Saisis que la réalité spatiale de Bhaïrava est présente en toute chose, en tout être, et sois cette réalité.

Comment pourrais-je être séparé de toi ? Partout où se pose mon regard, je touche au frémissement continu de ton amour en moi.

36. Bouche les sept ouvertures de la tête avec tes mains et fonds-toi dans le bindu, l'espace infini entre les sourcils.

Même en masquant mes yeux, mes oreilles, mes narines, ma bouche, je te vois, je t'entends, je te sens, je te goûte.

83. Ô Déesse, jouis de l'extrême lenteur des mouvements de ton corps, d'une monture, d'un véhicule et, l'esprit paisible, coule-toi dans l'espace divin.

Lorsque tout se ralentit, lorsque tout s'apaise, lorsque la frénésie de l'action me quitte, c'est en toi que mon corps incarne spontanément les postures divines du yoga qui s'enchaînent comme une danse. Alors seulement, j'atteins au frémissement qui est le mouvement le plus impalpable, le yoga le plus sublime et qui murmure l'amour avec une passion d'une extrême douceur.

93. Pique un endroit de ton corps et, par ce point unique, accède au domaine lumineux de Bhaïrava.

Tout point où se pose ton regard est ce point unique où ton amour perce mon corps et se fond en moi.

60. Séjourne dans un lieu infiniment spacieux, dépourvu d'arbres, de collines, d'habitations, laisse ton regard se dissoudre dans l'espace vierge, de là vient la détente de l'esprit.

Jusqu'au moment où j'ai été pénétré par ton amour, mon regard se posait sur le monde. Il n'était que la porte de mon intelligence. Aujourd'hui, il fond au contact de la réalité et atteint cette bienheureuse dissolution en l'amour.

121. L'intuition qui émerge de l'intensité de l'adoration passionnée s'écoule dans l'espace, libère et fait accéder au domaine de Shiva/Shakti.

L'intensité, l'adoration, la passion : les trois portes de l'intuition mystique qui se sont ouvertes le jour où ton amour a fait exploser ma rigidité. L'intensité, l'adoration, la passion : le feu mystique qui m'a libéré de mon obscurcissement. Lorsque l'amour ne saisit pas, il n'abandonne pas. Lorsque l'amour ne saisit ni n'abandonne, il découvre une troisième voie, indépendante du temps et de l'espace, qui est présence sans cesse renouvelée de la liberté de se laisser totalement aller à cet amour-là.

Tantra yoga

54. Si les tattva de plus en plus subtils sont absorbés en leur propre origine, la suprême Déesse te sera révélée.

Les trente-six catégories, les trente-six contacts, les trente-six formes d'amour. Comment la conscience touche-t-elle le monde ? Ton amour m'a ouvert au mouvement de l'incessant retour de toute chose à l'espace vierge où le cœur ne cesse de frémir et où tu te manifestes par ce frémissement.

56. Considère l'univers entier comme s'il se dissolvait dans des formes de plus en plus subtiles jusqu'à sa fusion dans la pure conscience.

Toute forme s'enracine dans la vacuité, dans la spatialité de ma propre nature spontanément reconnue. L'essence de toute manifestation a cette pureté-là qui ne peut être l'objet d'aucune purification.

57. Si tu médites sur le Shiva tattva, qui est la quintessence de l'univers entier, sans connaître de limite dans l'espace, tu connaîtras l'ultime extase.

Shiva manifeste tout le jeu phénoménal. Dans mon élan vers la réalité du monde, j'ai la certitude de toucher à l'absolu. Là, tout n'est que divin frémissement.

PRATIQUE : Le mot contemplation est utilisé, plutôt que celui de méditation, pour bien marquer qu'il s'agit de reconnaître la qualité innée de notre propre nature éveillée et non de chercher hors de soi à toucher tel ou tel état, à goûter à des états de conscience modifiés, à penser ou à espérer atteindre quelque chose d'extérieur. Ainsi, la pratique commence à prendre une intensité nouvelle le jour où elle est déconditionnée de ses désirs et de ses buts. Cette manière de se familiariser avec ce qui est déjà là est appelée contemplation. Le premier travail du maître est de bien faire comprendre au disciple que la sphère de la contemplation n'est soumise ni au temps ni à l'espace car la nature de l'esprit est vide. En sortant des schémas classiques de « faire », de « chercher » et de « trouver », celui qui se voue à la contemplation touche à Shiva, « le Grand Vide ».

C'est l'un des rares passages de ce tantra où quelques postures sont indiquées, comme celles de la stance 79, de la stance 78 ou 36. Il y a dans le tantrisme cachemirien une très grande liberté quant à la posture que chaque yogin doit s'inventer en fonction de ses dispositions et de son corps. Devî me faisait parfois prendre des postures antiméditatives, le dos voûté par exemple, pour bien marquer que la contemplation était un état permanent et non une activité. Toutes sortes de postures sont utilisées, depuis les postures classiques du lotus, du demi-lotus, celles où les jambes sont relevées contre la poitrine, la position couchée sur le côté droit, la tête appuyée sur la paume de la main droite, ainsi que des positions particulières aux yogin, les bras en extension appuyés sur les cuisses ou sur le sol pour relever les

Tantra yoga

épaules dans la position de l'aigle prêt à prendre son envol. Mais nous pouvons également utiliser sans inconvénient une simple assise sur une chaise, ou la méditation en mouvement telle qu'elle est suggérée dans la stance 83 où tout s'accomplit dans la lenteur.

Plusieurs stances se pratiquent le regard posé sur un objet de contemplation, sans cligner, plume de paon, stance 32 ; puits, stance 115 ; bol, stance 59 ; mur, stance 33 ; espace vierge, stance 60. Cette ouverture du regard permet une communication profonde avec l'objet de sa contemplation, avec les êtres. C'est un regard qui semble descendre au fond, sans interrompre la communication par le clignement. C'est le regard au début si dérangeant que le maître pose sur l'élève, sans jugement, dans la totale ouverture. C'est le regard qui fait immédiatement émerger les émotions enfouies, c'est le regard de l'espace, le regard de l'amour.

L'une des stances les plus puissantes de ce tantra, la 121, parle de « l'intensité de l'adoration passionnée » qui révèle l'intuition, libère et fait accéder au divin en soi. C'est l'exemple parfait de la voie tantrique. Alors que l'ascèse tend parfois à détacher le yogin des sentiments ou des émotions puissantes, les maîtres cachemiriens ont senti que les énergies les plus fortes étaient aussi les plus porteuses et que l'incandescence de la passion et de l'amour pouvait accomplir des prodiges. Cette stance est l'une des plus belles définitions de la Bhakti où l'adepte, dans un élan total, plonge dans l'amour infini qui le lie à son maître et dans lequel il réalise l'union, l'identité au maître. Les textes parlent d'« immersion dans l'Océan de Béatitude [1] ».

---

1. *Yoga*, de Tara Michaël, Points Sagesse, Seuil, 1995.

Le yoga des sens

Le yoga des sens est à la fois l'aspect le plus célèbre et le moins bien compris du tantrisme. Dès les années soixante, par un puritanisme qui nous est propre, nous nous sommes emparés d'un enseignement sacré pour servir de parapluie spirituel à l'élan spontané d'une libéralisation et d'une ouverture dont nous avions besoin. La négation de la sexualité est si bien ancrée en nous que nous avons toujours eu besoin d'une excuse métaphysique pour libérer le corps. Partis avec cette obsession, nous inventâmes un tantrisme sur mesure où le sexe devint la voie royale de la libération et où toute la richesse des enseignements authentiques fut occultée, d'abord parce qu'elle n'était pas connue, puis parce qu'elle gênait notre projet hédoniste. Heureusement, depuis, le tantrisme cachemirien est parvenu jusqu'à nous grâce à des maîtres cachemiriens et occidentaux qui en ont reçu la transmission et qui rétablissent par leur enseignement la splendeur de cette voie infinie.

La liberté tantrique demande une ascèse profonde qui touche à toutes les couches de l'être jusqu'à l'inconscient, la conscience de tréfonds. Elle transforme, par le yoga exposé dans le Vijñânabhaïrava tantra, toutes nos tendances réductionnistes. Alors seulement, ayant expérimenté le samâdhi profond, l'extase originelle, le tântrika pourra, sous la direction d'un maître authentique appartenant à une lignée, réaliser la grande union à la fin de laquelle il y aura une montée fulgurante de la Kundalini, l'énergie des profondeurs. Sans cette lueur frémissante, tout exercice ou rituel sexuel est une pratique délicieuse qui permet à la sexualité de découvrir une nouvelle fraîcheur, un retour à la conscience de l'acte, mais totalement illusoire quant à ses rapports avec la sâdhana ou le rituel tantrique.

Pour bien comprendre l'approche tantrique, il est important de saisir que, dès les origines, les maîtres n'ont pas isolé la sexualité, mais l'ont considérée comme l'une des nombreuses facettes de l'énergie humaine qu'il fallait prendre en compte dans la quête mystique, sous peine de blocages ultérieurs et de confrontation avec ses « démons ». Dans le tantrisme, il est tout à fait conseillé d'assouvir ses désirs sexuels, mais *avant* de commencer une sâdhana. Rien dans le tantra n'est de l'ordre du « faire » mais au contraire de l'ordre de « l'être ». Au cliché habituel de ceux qui prétendent « faire du tantra » je dirai qu'il s'agirait plutôt de laisser le tantra « être en nous », car il n'est pas un ensemble de techniques destinées à assouvir nos désirs mais une voie de libération par l'amour absolu.

L'idée de la sexualité tantrique est très large puisqu'elle concerne l'intégralité des contacts des sens avec la réalité dans la présence constante de la conscience.

Tout contact est amoureux, celui du regard qui se dissout dans le ciel ou dans l'obscurité, celui de la peau qui ressent la caresse du vent, celui de l'ouïe qui goûte une mélodie ou celui de la respiration qui participe aux pulsations du monde. Le tântrika, en étant totalement présent à la réalité, nourrit et épanouit le cœur si ces contacts ont lieu dans l'absence d'ego, alors qu'il l'obscurcit et devient l'esclave des énergies lorsque ces contacts ont lieu dans une quête liée à l'ego. Alors, au lieu d'épanouir le cœur, l'adepte renforce les nœuds qui le lient à la souffrance et fait connaissance avec « les maîtresses des centres, effroyables, qui le trompent encore et encore ! » dit Abhinavagupta.

Comment alors progresser vers cette ouverture du cœur par l'usage des sens ? C'est ce que nous enseigne cette section du Vijñânabhaïrava tantra. C'est avant tout par le développement de la pleine conscience qui balaie sans cesse la totalité de nos sensations. Cette présence au monde, à sa réalité, cette attention, cette pleine communication s'établit en prenant conscience du parcours de chaque sensation qui émerge de l'espace et y retourne. Ce glissement, cette acceptation de la réalité s'étend peu à peu à nos pensées, à nos émotions, à notre respiration. Le tântrika se sent alors de plus en plus présent à la réalité en même temps que se déploie en lui le sens divin de cette communication qui résorbe l'angoisse, les limitations cognitives et la peur fondamentale. Tout ce qui émerge s'autolibère alors dans un mouvement continu.

En osant considérer l'intégralité de ce qui est comme voie mystique, le tântrika se libère peu à peu des blessures, de la communication égoïste et de la souffrance qui en résulte. Il se sent progressivement envahi par un calme et une harmonie qui lui permettent d'accéder à l'amour. Lorsque, par cette présence continue au monde, le tântrika connaît l'extase mystique, lorsqu'il communique pleinement avec l'absolu dont la réalité se trouve gorgée, il est alors possible que son maître, pourvu qu'il l'ait expérimentée lui-même, lui transmette l'initiation sexuelle de la grande union. Mais cette initiation peut avoir lieu par le regard, par le toucher, par le rêve ou par l'accomplissement du rituel. Pour connaître ce stade, il faut comprendre que l'union n'est pas un moyen de parvenir à l'extase mystique car elle n'a lieu qu'après le ferme établissement de cette extase. Comme l'écrit Ksmerâja : « Pour faire l'expérience de cet état de caryâ-krama, un yogin doit avoir atteint la plénitude du cœur. Son esprit doit avoir l'infinitude de l'Océan, car c'est un Océan dont tous les courants s'apaisent et reposent silencieusement [1]. »

---

1. *Self Realization in Kashmir Shivaism, the Oral Teachings of Swami Laksmanjoo*, de John Hughes, Suny State University of New York Press, 1994.

136. À l'instant où ton attention s'éveille par l'intermédiaire des organes des sens, pénètre dans la spatialité de ton propre cœur.

Mes sens agités et mornement engloutis, je suis venu à toi et j'ai vu que ton frémissement ne porte aucune marque, aucun objet, aucun désir. Il est la source où le Soi s'abreuve, il est la manifestation de la Shakti dont l'amour est nu. Dans cette nudité, mon cœur s'est mis à vibrer.

65. Ressens ta substance : os, chair et sang, saturée par l'essence cosmique, et connais la suprême félicité.

Tu m'as appris à ne plus fuir la substance, l'os, la chair et le sang. Tu m'as appris à ne plus saisir la substance, l'os, la chair et le sang. Tu m'as appris à ne plus me détourner de la substance, de l'os, de la chair et du sang.

66. Ô belle aux yeux de gazelle, considère les vents comme ton propre corps de félicité. Au moment où tu frémis, accède à la présence lumineuse.

Lorsque les vents me font frémir, je reconnais ta présence impalpable et qui pourtant me touche au plus profond.

68. Lorsque tu pratiques le rituel sexuel, que la pensée réside dans le frémissement des sens comme le vent dans les feuilles, accède alors à la félicité spatiale de l'extase amoureuse.

Avant de te rencontrer, j'avais aimé, j'avais joui, j'avais possédé. Depuis qu'en ton corps j'ai perdu mes limites, l'amour est un constant frémissement qui ne dépend plus de la présence ou de l'absence, puisqu'en moi tu es.

69. Au début de l'union, sois dans le feu des énergies libérées par la jouissance intime ; fonds-toi dans la divine Shakti et continue de brûler dans l'espace sans connaître les cendres à la fin. Ces délices sont en réalité celles du Soi.

Le feu, les énergies, la jouissance intime m'ont été révélés au moment où j'ai abandonné le désir de les connaître. Lorsque ce désir s'est évanoui, s'ouvre l'espace même de l'amour dont le feu ne produit plus ni braises ni cendres.

70. Ô Déesse ! La jouissance de la félicité intime née de l'union peut se reproduire à tout moment par la présence lumineuse de l'esprit qui se remémore intensément cette jouissance.

Lorsque notre amour se déploie dans le temps et l'espace, aucune limite ne rend le souvenir nécessaire. Ce feu ne cesse de brûler car il est son propre combustible, son propre objet, son propre espace. Où serais-tu pour n'être pas en moi ?

74. Là où tu trouves satisfaction, l'essence de la félicité suprême te sera révélée si tu demeures en ce lieu sans fluctuation mentale.

Grâce à toi, j'ai saisi que la fluctuation mentale est liée à la dualité. Lorsqu'il y a séparation, il ne peut y avoir de satisfaction et la pensée ne peut qu'osciller d'un fantasme de complétude à l'autre. Le jour où ma pensée a trouvé satisfaction, c'est le jour où elle a été unifiée par l'amour.

73. Fonds-toi dans la joie éprouvée lors de la jouissance musicale ou dans celle qui ravit les autres sens. Si tu n'es plus que cette joie, tu accèdes au divin.

Entre la beauté et moi se tenait mon esprit qui voulait que la beauté soit saisissable. Lorsque je t'ai vue, mon esprit n'a pu saisir ta beauté. Tu l'as traqué, tu l'as habité au point de le disséminer dans l'espace. Alors, dans la nudité extrême des sentiments, ta beauté s'est manifestée sans intermédiaire.

101. En état de désir extrême, de colère, d'avidité, d'égarement, d'orgueil ou d'envie, pénètre dans ton propre cœur et découvre l'apaisement sous-jacent à ces états.

Mon désir, ma colère, ma violence, mon orgueil. Tu m'as montré que sans les toucher profondément l'amour ne pouvait éclore.

67. Lorsque tes sens frémissent et que ta pensée atteint l'immobilité, entre dans l'énergie du souffle et, au moment où tu sens un fourmillement, connais la joie suprême.

Je frémis, je respire. La pensée, lasse de courir d'un bout à l'autre de ses limites comme un animal traqué, se couche soudain. Elle respire, elle frémit. Alors se lève cette joie.

103. Ô Bhaïravi ! Ne réside ni dans le plaisir ni dans la souffrance, mais sois constamment dans la réalité ineffable et spatiale qui les relie.

J'aimais la pensée rectiligne qui va comme une flèche vers sa destination. Par les courbes de ton corps, tu m'as initié à la pensée sphérique qui n'atteint rien

Tantra yoga

mais englobe tout. Alors, plaisir et souffrance n'ont plus été marqués par une trajectoire et, trouvant leur sinuosité profonde, ils découvrent ce qui les dépasse et les lie.

105. Le désir existe en toi comme en toute chose. Réalise qu'il se trouve aussi dans les objets et dans tout ce que l'esprit peut saisir. Alors, découvrant l'universalité du désir, pénètre son espace lumineux.

Ce désir qui réside en toute chose, c'est en ne se satisfaisant d'aucune fin qu'il rencontre l'espace. Il est frémissement continu. Trancher le désir, c'est trancher la libre éclosion du divin en soi.

116. Lorsque ton esprit vagabonde extérieurement ou intérieurement, c'est là précisément que se trouve l'état shivaïte. Où donc la pensée pourrait-elle se réfugier pour ne plus savourer cet état ?

Tu m'as murmuré comment fixer mon esprit en le laissant vagabonder à sa guise. Abandonnant toute forme figée, tout état méditatif provoqué, libre de voler, de se poser, de plonger, d'émerger, de trouver ou de perdre, le monde est alors devenu le territoire du divin.

72. Lors de l'euphorie et de l'expansion causées par les mets et les boissons délicats, sois tout entier dans cette délectation et, à travers elle, goûte à la suprême félicité.

Lorsque les sens ne sont pas réduits par l'habitude, la répétition, tout ce qui est touché est inconnu. L'euphorie ne vient que de cette surprise incessante.

117. L'esprit est en toi et tout autour de toi. Lorsque tout est pure conscience spatiale, accède à l'essence de la plénitude.

Si l'esprit est partout, où trouver la moindre limitation ?

129. Lorsque la pensée se dirige vers un objet, utilise cette énergie. Englobe l'objet et, là, fixe la pensée sur cet espace vide et lumineux.

Je désire, je vais vers l'objet de mon désir, je le saisis. Il étouffe, il meurt peu à peu. Je me retrouve seul, je souffre. Ranimé par mon désir, je saisis à nouveau. Je souffre. Pourtant je recommence. Un jour, tu m'as tiré par la main, un peu plus loin que l'objet de mon désir. Je n'ai rien saisi, je n'ai rien étouffé, rien n'a péri. Dans cet espace, un peu plus loin, le désir est l'immensité même.

Tantra yoga

71. Lorsque tu retrouves un être aimé, sois totalement dans cette félicité et pénètre cet espace lumineux.

Lorsque tu m'as fait toucher à l'amour, j'ai perdu la possibilité d'être séparé de toi, c'est pourquoi je te retrouve en toute chose et connais la félicité.

102. Si tu perçois l'univers tout entier comme une fantasmagorie, une joie ineffable surgira en toi.

Tu m'as dit : « Le monde est comme tu le vois. » Parfois je le vois comme une fantasmagorie, parfois je vois sa réalité, parfois je le vois comme amour. Alors, fantasmagorie et réel sont comme deux amants enlacés.

49. Ô beauté ! les sens disséminés dans l'espace du cœur, perçois l'essence de la Shakti comme une poudre d'or d'une indicible finesse qui scintille en ton cœur et de là se déverse dans l'espace. Alors tu connaîtras la béatitude suprême.

Un jour ta main s'est posée sur mon cœur, et tu as dit : « Le centre du cœur. » Un jour ta main s'est posée sur ma gorge, et tu as dit : « Le centre du cœur. » Un jour ta main s'est posée sur le bindu, et tu as dit : « Le centre du cœur. » Un jour ta main s'est posée sur mon nombril, et tu as dit : « Le centre du cœur. » Un jour ta main s'est posée sur mon sexe, et tu as dit : « Le centre du cœur. »

PRATIQUE : Investir le fonctionnement automatique des sens par la conscience est la pratique royale du tântrika. Centrée sur le frémissement continu du cœur que connaît le yogin, elle utilise le frémissement du monde accordé à celui des sens comme louange continue à Bhaïrava qui n'est autre que le Soi, l'espace. Ce frémissement si doux, ce son délicieux est la manifestation de la félicité du tântrika.

Chacune de ces dhâranâ contribue à rendre le yogin conscient du frémissement sensuel dont l'énergie purifie le désir de toute possession de l'objet. Le monde est là, nourriture continue pour celui qui en a conscience.

Le yogin, par ces pratiques, apprend à libérer son désir de tout accomplissement. Il apprend comment sortir du « faire » pour accéder à « l'être », à l'autonomie et à la joie. Il trouve une nouvelle voie de communication avec le monde, avec tous les désirs du monde, par simple accord du frémissement. Il accède à une communication profonde, légère, subtile où les désirs des autres ne sont plus une limitation mais une invitation à un état d'être à la vibration continue.

En apprenant à « dépasser l'objet », stance 129, le tântrika accède à la liberté où plus aucun élan n'est refoulé. Il libère ainsi la puissance de l'expérience sensuelle du monde sans devenir un prédateur.

Le vagabondage lui-même, stance 116, souvent condamné, n'est plus distraction mais communion avec l'état shivaïte omniprésent. Par cette déculpabilisation continue, l'adepte découvre qu'il n'y a ni faute, ni souillure, ni territoire interdit lorsqu'il a trouvé l'amour absolu.

En ayant conscience de « l'universalité du désir », stance 105, le yogin s'accorde au monde en trouvant l'espace infini à la racine de tout frémissement des sens. « Désir et alternative nous asservissent en nous ballottant de l'attachement à la répulsion, de l'exaltation à la dépression, et nous cachent l'univers réel. Pour leur échapper, il faut s'en tenir à l'essence et, en toute chose spécifique, rester attentif à la Conscience qui constitue son être véritable[1]. »

Le yogin, totalement ouvert à la réalité, peut alors trouver la paix là où sa pensée et ses sens se posent, car il est sans fluctuation mentale, stance 74.

---

1. *Hymnes, op. cit.*

Le yoga du ciel et de l'espace

Le yogin qui fixe l'espace, y dissout son regard, fait l'expérience de la fusion avec l'objet de sa contemplation. Ces pratiques se font surtout à l'aube et au crépuscule, lorsque le ciel est à la fois vibrant et pas trop lumineux. C'est l'un des moyens les plus efficaces pour atteindre l'illimité. Le regard est fixé droit devant soi, ou parfois levé vers le ciel, la tête restant droite. Ces contemplations se pratiquent également couché sur le sol, parfois lorsqu'on se laisse tomber, épuisé par une course folle dans la montagne ou par la danse extatique.

Cet espace se retrouve également par la contemplation d'objets simples comme un galet ou un morceau de bois, comme avec les souvenirs et les images mentales qui, loin d'être rejetés, servent au grand feu tantrique.

Il y a dans ces techniques une pratique très particulière qui est celle du dépassement physique ou mental de l'objet de sa contemplation. « Un pas plus loin... » Cette manière d'utiliser toute manifestation de la réalité et d'aller un tout petit peu plus loin permet d'entrer de plain-pied dans l'absolu qui est si proche qu'il nous est invisible. Lorsqu'on ne peut le saisir directement dans l'objet, cette manière induit une légère incertitude quant à l'espace des sensations, des émotions et des idées qui permet des prises de conscience surprenantes.

Les sentiments amoureux, les sentiments violents, les actes de panique, l'agonie et la mort elle-même ne sont pas soustraits à l'expérience de la spatialité. À travers eux, il nous est donné de toucher à l'espace infini.

*113. Ô Déesse, écoute l'ultime enseignement mystique :
il suffit de fixer son regard sur l'espace, sans cligner, pour
accéder à la spatialité de ton propre esprit.*

Les paupières s'abaissent, une idée me coupe de la réalité que je suis en train de vivre. Lorsque mon regard s'est plongé dans le tien, un jour, je n'ai pas cligné et nous n'avons pas été séparés.

80. En fixant le regard sans cligner sur un galet, un morceau de bois, ou tout autre objet ordinaire, la pensée perd tout support et accède rapidement à Shiva/Shakti.

Un jour, tu as déposé devant moi un galet, et tu m'as demandé de le regarder jusqu'à ce que je sente l'espace en moi.

84. Le regard ouvert sur un ciel très pur, sans cligner, la tension se dissout avec le regard et, là, tu atteins la merveilleuse stabilité bhaïravienne.

J'ai vu le ciel, puis j'ai senti quelque chose de paisible qui respirait en moi, puis j'ai vu le ciel en moi.

119. Lorsque la vue d'un certain lieu fait émerger des souvenirs, laisse ta pensée revivre ces instants, puis, lorsque les souvenirs s'épuisent, un pas plus loin, connais l'omniprésence.

Dans l'espace de la vie même tout peut émerger et se résorber. Tout devient énergie utilisée sur la voie mystique. Aucun territoire où la Shakti ne soit. Rien à faire, rien à rechercher. La réalité seule, telle qu'elle se présente spontanément.

120. Regarde un objet, puis, lentement, retire ton regard. Ensuite, retire ta pensée et deviens le réceptacle de la plénitude ineffable.

Le regard se fixe, la pensée s'arrête, le regard se meut, la pensée naît et s'éteint. Il ne reste que l'espace.

34. Ferme les yeux, vois l'espace entier comme s'il était absorbé par ta propre tête, dirige le regard vers l'intérieur et, là, vois la spatialité de ta vraie nature.

Tantra yoga

Lorsque le regard n'est pas dirigé vers l'extérieur, il se place doucement vers l'intérieur, vers l'arrière du crâne sur la voûte duquel il se promène et découvre un autre espace.

76. En été, lorsque ton regard se dissout dans le ciel, clair à l'infini, pénètre dans cette clarté qui est l'essence de ton propre esprit.

Au cœur du visible, le regard apaisé découvre l'invisible. Lorsque le ciel entier entre dans mon regard, l'intuition libérée se détend dans l'espace.

77. L'entrée dans la spatialité de ton propre esprit se produit au moment où l'intuition se libère par la fixité du regard, la succion ininterrompue de l'amour, les sentiments violents, l'agonie ou la mort.

Comme mon baiser échappe au temps et se libère des limites habituelles, comme la violence déferle en moi et ne s'apaise pas, comme l'agonie suspendue me fait entrer dans la mort, comme la conscience ne naît ni ne meurt, où donc perdrais-je le souffle qui me pousse vers toi ?

PRATIQUE : Lorsque le tântrika laisse son regard se dissoudre dans le ciel, il réalise l'identité de l'espace et de l'esprit. Il sort de la dualité en laissant naturellement l'esprit retrouver la spatialité qui lui est propre. Ces pratiques sont à la fois simples et extrêmement profondes, elles permettent de vivre des instants de non-dualité dès le début de la sâdhana. Les maîtres tantriques ont souvent insisté sur la nécessité de pratiquer la contemplation les yeux ouverts afin de témoigner que le yogin ne cherche pas un retrait du monde mais au contraire une totale présence à la réalité.

Comme le soulignait Taizan Maezumi Roshi dans un enseignement oral : « Devenir un avec ce que vous faites. En d'autres mots, devenir un est la clé. Lorsque vous faites un avec l'action, c'est la réalisation de la Voie. » Pour accéder à cette unité, rien qui ne soit la Voie. Là encore la démarche tantrique est de suivre le cours naturel de l'esprit, sans le contraindre en aucune façon. Si les souvenirs se présentent, on accueille les souvenirs, si des sentiments extrêmes surgissent, ils deviennent le lieu de la réalisation. Il suffit de faire un avec ce qui est présent plutôt que de chercher à forcer l'esprit à ne pas considérer certains aspects naturels de la vie. Être dans ce flux est plus important que de trouver un état créé de toutes pièces. C'est en se détachant de tout conformisme, de tout conditionnement de l'esprit que l'ascèse tantrique nous fait toucher à la présence continue à la réalité de l'instant.

Le yoga du rêve

Fondé sur la maîtrise de la respiration, le yoga du rêve est l'une des pratiques les plus anciennes de ce tantra. Il passe par l'abandon de la dualité à l'état de veille et par la perception que tout le réel n'est qu'une fantasmagorie. Curieusement, le yoga du rêve n'est pas une voie d'interprétation des rêves mais une voie de perception non duelle, une voie mystique.

Lorsque s'est instaurée la pleine conscience du processus respiratoire et le centrage au niveau du cœur simultané à l'action, le moment est venu de recevoir l'initiation au rêve lucide.

Au début du rêve se manifeste la conscience de rêver, soit spontanément en descendant dans le cœur juste avant l'endormissement, soit en se concentrant sur le signe « OM » diamantin sur fond sphérique bleu nuit. À partir du centre intersourcilier, on laisse descendre la Shakti visualisée comme pure lumière, ou le signe « OM », par le canal central, jusqu'au centre du cœur. Dès que le rêve commence, il s'accompagne de lucidité.

Au début, le yogin se livre à des exercices de modification des objets perçus. Ce sont de simples exercices au cours desquels le yogin agrandit, rapetisse, colore, retourne ou échange les objets afin d'acquérir la maîtrise. Ces exercices sont divertissants et, au début, on y passe une partie de ses nuits, jusqu'au jour où on découvre que le scénario du rêve lui-même peut être réécrit à l'infini. Mais ce qui est le plus fascinant, c'est de devenir le spectateur de sa conscience de tréfonds et de se familiariser ainsi avec son inconscient.

Dans une troisième phase, le rêve devient un lieu privilégié de pratique contemplative. Les obstacles y sont beaucoup moins denses que lors de la veille et les extases du rêve donnent beaucoup d'impulsion à la pratique à l'état de veille.

Le rêve est aussi le lieu idéal où, dans le centre du cœur, ont lieu les échanges entre maître et disciple que le rêve lie profondément. Tous les accomplissements extraordinaires du disciple sont perçus en rêve par le maître qui voit ainsi la profondeur du lien et les capacités secrètes des êtres. C'est lorsque cette union, très rare et très profonde, a lieu entre maître et disciple que l'adoration passionnée fait naître l'intuition et la libération réciproques.

Le rêve est également le lieu de filtrage de tous les liens résiduels passés qui empêchent le plein accomplissement. Peu à peu, les liens se décantent et la libération atteint l'inconscient. Si tous les actes du maître atteignent la totale spontanéité dans le divin, la conscience de tréfonds n'est plus ensemencée et les rêves liés à l'ego disparaissent pour laisser place à la Shakti.

86. Quand tu accèdes à Bhairava en dissolvant la dualité à l'état de veille, que cette présence spatiale continue dans le rêve, et que tu traverses ensuite la nuit du sommeil profond comme la forme même de Bhairava, connais l'infinie splendeur de la conscience éveillée.

J'ai goûté au frémissement de la Shakti dans l'état de veille, j'ai glissé en elle dans le rêve, mais l'obscurité même du sommeil profond s'est mise à vibrer de ta présence et j'ai enfin connu l'infinie splendeur.

55. Arrive à une respiration intangible, concentré entre les deux yeux, puis lorsque naît la lumière laisse descendre la Shakti jusqu'au cœur et, là, dans la présence lumineuse, au moment de l'endormissement, atteins la maîtrise des rêves et connais le mystère de la mort elle-même.

C'est dans la volupté de la conscience frémissante que par le canal central tu glisses jusqu'à mon cœur, ton rythme parfaitement accordé à celui de ma respiration et, au moment où je crois perdre conscience, tu entres dans mon cœur. T'ayant reconnue, je sais que tu m'accompagneras dans mon rêve et dans le grand silence qui suit.

75. Au moment de t'endormir, lorsque le sommeil n'est pas encore venu et que l'état de veille disparaît : à cet instant précis, connais la suprême Déesse.

Comme sonne la corde d'un instrument mystérieusement touchée par le musicien immobile, c'est dans ce silence même, dans ce vide, que tu t'es mise à vibrer.

82. Lorsque tu es allongé, vois ton corps comme privé de support. Laisse ta pensée se dissoudre dans l'espace, alors le contenu de la conscience de tréfonds se dissoudra lui aussi, et tu connaîtras la pure présence, libérée du rêve.

Tu occupes l'espace, je deviens l'espace et, dans cette fusion amoureuse, je pénètre au tréfonds de ma conscience qui est ton lieu de repos. Là, les yeux ouverts, tu respires paisiblement et toutes les formes rejoignent l'éther.

PRATIQUE : Le yoga du rêve est fait pour mener à l'absence de rêve que connaissent les êtres totalement réalisés. Une fois les couches les plus profondes de la psyché dégagées de tout le matériau inconscient, il n'y a plus matière à rêver. Les pratiques du rêve lucide ont toujours fasciné l'homme. Il existe aujourd'hui, dans le monde entier, des laboratoires où les rêveurs sont observés. Depuis les temps les plus reculés, le rêve a été décrypté avec le désir d'en tirer des informations utiles. La voie du yoga du rêve ne suit pas ce courant. Elle cherche avant tout à donner au yogin la même qualité de présence dans le rêve que dans la réalité afin de toucher à la pratique continue au cours des trois états classiques, veille, rêve et sommeil profond, couronnés d'un quatrième état, *turya*, ou état au-delà des trois précédents. Il est même question d'un cinquième état, *turyâtîta*, « plénitude absolue du Soi. Il est conscience et béatitude absolue. C'est réellement l'ultime et le suprême état du Soi. Il ne correspond pas seulement au samâdhi, mais aussi à toutes les activités du monde [1] ». Là aussi la pensée tantrique se distingue par rapport à la perception qu'elle a du sommeil profond qui serait, dit-on, dénué de conscience. Les yogin coïncident avec leur nature profonde et c'est donc pour eux une expérience de pleine conscience absolue. Comme l'écrit Abhinavagupta dans ses *Hymnes*, la conscience ne connaît pas de brisure.

C'est par le prânâyâma, les techniques du souffle, et par la concentration simultanée sur l'espace interstciel

---

1. Swâmi Laksman Jî, *Shivaïsme du Cachemire, le secret suprême*, Les Deux Océans, 1989.

qui sépare deux pensées, tout en étant présent dans le centre du cœur, que le yogin se prépare au yoga du rêve. Par l'acclimatation à ce que Devî appelait « la ponctuation » de la pensée, le tântrika investit de présence le flot discontinu des processus mentaux et, dans ces aires de spatialité, il jouit du frémissement continu du Soi.

Le yoga de l'arrêt

Le yoga de l'arrêt est destiné à nous faire prendre conscience de l'automatisme de la pensée et de l'action. Répété à maintes reprises, il n'a pas pour but d'éviter l'action mais au contraire de la rendre consciente et libre. C'est un moyen très efficace de saisir la différence qu'il y a entre l'impulsivité qui nous mène automatiquement à l'action et la spontanéité où l'action est libérée des automatismes et s'inscrit dans une parfaite harmonie par rapport à l'ensemble.

L'arrêt, pratiqué pendant quelques secondes, est une pause, une ponctuation, qui permet de retrouver son espace par l'attention et la présence à la réalité. Dès que l'action continue, elle est, après ce court arrêt, investie d'une conscience légère qui permet de goûter plus profondément chacun de nos es, chacune de nos sensations, chacune de nos pensées.

Au début, la pratique de l'arrêt donne l'impression que nous ralentissons le temps et que ces changements de rythme introduisent quelque chose de chaotique dans le défilé grisâtre de notre vie. Très vite, cependant, le yogin découvre combien cette pratique met en lumière et révèle un fonctionnement qui nous prive du plus grand plaisir de la vie : la présence à la réalité. Plutôt que de vivre en constante absence, le pratiquant découvre combien les actes les plus simples, les plus quotidiens, trouvent une nouvelle créativité, une nouvelle grâce, lorsqu'une conscience aérienne et dépourvue de stratégie s'y glisse.

62. Au moment précis où tu as l'impulsion de faire quelque chose, arrête-toi. Alors n'étant plus dans l'élan qui précède ni dans celui qui suit, la réalisation s'épanouit avec intensité.

Ce yoga qui fait découvrir le silence au sein même de l'activité, je l'ai goûté à tes côtés, encore et encore, jusqu'à plonger dans cet océan d'une fraîcheur insoupçonnée qui vit derrière la fine pellicule de mon indifférence.

89. Lorsqu'un obstacle s'oppose à la satisfaction d'un sens, saisis cet instant de vacuité spatiale qui est l'essence de la méditation.

L'obstacle qui n'engendre pas la frustration mais au contraire permet aux sens de trouver leur vrai épanouissement par le simple fait de sortir d'un rythme conditionné, tu me l'as fait toucher, encore et encore.

118. Dans la stupeur ou l'anxiété, à travers l'expérience des sentiments extrêmes, quand tu surplombes un précipice, que tu fuis le combat, que tu connais la faim ou la terreur, ou même lorsque tu éternues, l'essence de la spatialité de ton propre esprit peut être saisie.

La voie de la passion est aussi la voie des sentiments extrêmes. Tout ce qui jusque-là était abandonné hors du champ de la quête, tu m'as poussé à le déposer à l'intérieur de la conscience. Enfin authentique parce que complet, je peux dire que j'ai touché Shiva, Dieu de la lumière et de l'obscurité. Lorsque sous la lumière noire de Kali tu m'as tranché la tête, j'ai connu cette terreur qui débouche sur l'essence de la spatialité.

96. Lorsque tu prends conscience d'un désir, considère-le le temps d'un claquement de doigts, puis soudain abandonne-le. Alors il retourne à l'espace duquel il vient de surgir.

Après avoir réellement touché le monde, tu m'as montré comment trouver la plénitude en laissant l'objet du désir suivre sa trajectoire. J'ai saisi comment, dans le même mouvement, je lâche profondément et comment la nature de toute chose est de s'autolibérer.

111. Erre ou danse jusqu'à l'épuisement, dans une totale spontanéité. Puis, brusquement, laisse-toi tomber sur le sol et, dans cette chute, sois entière. Alors se révèle l'essence absolue.

Tantra yoga

J'ai passé mes nuits à danser avec toi, près des étoiles et de la lune, près du ciel et de ta peau couverte de cendre, dans tes yeux, dans le mouvement si lent où Shiva et Shakti, ces sublimes danseurs, nous guidaient jusqu'à la chute finale, sur le sol glacé que nos corps réchauffaient.

PRATIQUE : La pratique de l'arrêt est un moyen efficace de parvenir à la conscience. Dans cette pause, l'enchaînement automatique est un instant brisé et permet à la conscience d'être une avec l'action. Ce qui est révélé par les techniques de l'arrêt, c'est la spatialité interstitielle, en général inconsciente. Le yogin trouve ainsi la porte de la contemplation et toute la réalité discontinue est vécue en pleine conscience.

Les cris, les gestes, utilisés par les maîtres, techniques portées à leur efficience maximale par les maîtres Chan, interviennent dans ces moments. Ils ouvrent soudain l'espace et créent la « silencieuse coïncidence », la fusion de l'esprit et de sa vacuité fondamentale.

Cette manière d'utiliser les obstacles, stance 89, l'impulsion, stance 62, le désir, stance 96, ou les sentiments extrêmes, stance 118, nous montre que tout peut être la voie. Au lieu de fuir, de nier, de contourner, le tântrika travaille dans la pleine conscience de tous ses processus intérieurs et ainsi s'en libère en les laissant suivre leur cours. Cette acceptation de l'intégralité des mouvements de l'être humain comme lieu du « travail » tantrique mène inexorablement à la libération, car aucun fantôme oublié n'est là pour resurgir et bloquer une quête qui n'en avait pas reconnu la puissance.

Même *Tândava*, la danse extatique, à la manière des derviches mais extrêmement lente, est la porte de l'extase lorsqu'elle s'arrête brusquement et que les danseurs se laissent tomber sur le sol et font alors l'expérience de la fusion de l'espace et de l'esprit.

Le Kundalini yoga

Le Kundalini yoga est l'ultime et la plus secrète expérience à laquelle accède le tântrika. C'est pour cette raison que cette initiation est toujours décrite d'une manière un peu abstraite. Lorsque les souffles, le mental et les processus physiologiques sont maîtrisés, lorsque l'esprit dégagé de toutes ses créations atteint à la nudité du samâdhi, lorsque le cœur s'est ouvert, le disciple peut recevoir l'initiation du Kundalini yoga. L'un des fruits de cette initiation est que le tântrika connaîtra l'état extatique du samâdhi au sein même de la réalité sans qu'il lui soit nécessaire d'entrer en méditation d'une manière formelle.

Pour recevoir l'initiation au Kundalini yoga, il faut s'être libéré de tout désir, de toute attraction sexuelle, de tout fantasme spirituel. Les textes disent qu'il faut avoir l'âme d'un héros. Par cette accession simultanée au grand samâdhi du frémissement, maître et disciple scellent à la fois l'accomplissement de la sâdhana et le début de la maturation. Une fois l'éveil atteint au cours de ce rituel, il reste à l'exposer au flux de la vie, à le laver comme une pépite d'or exposée au courant de la réalité afin qu'il s'établisse dans l'expérience permanente et que la liberté d'être, ainsi découverte, s'agrandisse aux dimensions mêmes de l'univers.

Lorsque maître et disciple font l'expérience de la montée de la Kundalini, ils connaissent la béatitude du Soi absolu dans le cœur. À cet instant, ils font l'expérience de l'unité androgyne de Shiva/Shakti.

L'initiation peut être donnée de plusieurs manières. Soit symboliquement, soit par un contact physique étroit mais sans relation sexuelle, soit par l'accomplissement du rituel sexuel, soit par le contact des yeux tout proches, sans cligner. Pour accéder à cette union, le disciple doit être libéré du doute par une expérience stable et répétée du samâdhi. Il doit avoir traversé tous les paysages de l'élan passionné qui le porte vers la fusion avec le maître et s'être déjà pleinement abreuvé à la source absolue de l'amour.

Une initiation qui ne déboucherait pas sur un double samâdhi parfois associé à la montée de la Kundalini qui, stimulée par l'ouverture du cœur, traverse tous les centres avec la puissance de la foudre, serait lourde de conséquences pour le maître et le disciple. C'est pourquoi cette initiation n'est donnée que lorsque le disciple est digne de faire partie de la lignée. Abhinavagupta, dans son Tantraloka, décrit le rituel de *kulayâga*, l'union du maître et du disciple, en précisant bien qu'il est réservé au tântrika parvenu à l'accomplissement mystique et stabilisé dans le grand samâdhi.

Les enfants nés de cette union entrent en samâdhi spontanément, dès leur plus jeune âge, et de nombreux siddha ont été engendrés lorsque leurs parents étaient en *kulayâga*.

Après l'initiation individuelle, yoginî et yogin pratiquent parfois l'union en groupe. Réunis autour du maître, ils connaissent alors le samâdhi de la félicité universelle.

35. Le canal central est la Déesse, telle une tige de lotus, rouge à l'intérieur, bleue à l'extérieur. Il traverse ton corps. En méditant sur sa vacuité interne, tu accéderas à la spatialité divine.

J'ai senti le canal central lorsque toutes les pratiques ont été accomplies dans la présence continue, lorsque jour après jour tu me poussais à me laisser être totalement. Alors, une nuit, avant de m'endormir, soudain je l'ai senti, je l'ai vu et ma conscience y est entrée comme dans un souterrain. Je m'y suis aventuré en dansant, émerveillé. J'ai voyagé en moi par ce conduit subtil où ton amour semait un tapis de roses rouges alors que tout l'extérieur était revêtu d'azur.

51. Fixe ton esprit dans le cœur en te livrant aux activités du monde, ainsi l'agitation disparaîtra et en quelques jours tu connaîtras l'indescriptible.

Agir et demeurer dans le cœur, uni à la Shakti. Être à la fois au centre et à la périphérie, toute dualité oubliée. C'est cet apprentissage que, sans le savoir, j'étais venu chercher auprès de toi.

28. Considère la Shakti comme une vive luminosité, de plus en plus subtile, portée de centre en centre, de bas en haut, par l'énergie du souffle, au travers de la tige de lotus. Lorsqu'elle s'apaise dans le centre supérieur, c'est l'éveil de Bhaïrava.

Après avoir exploré le canal subtil, je suis arrivé à la caverne lumineuse où tu m'attendais. Nous avons respiré ensemble et, sur nos souffles, nous sommes repartis en sens inverse. Noyés dans l'énergie de l'amour, j'ai senti soudain que cette puissance ne pouvait être contenue. Alors je me suis abandonné dans tes bras et la Kundalini s'est élancée comme la foudre.

45. Réside simultanément dans la spatialité de la base, dans celle du cœur et dans celle du sommet. Ainsi, par l'absence de pensée dualisante, s'épanouit la conscience divine.

Reposé dans ces trois lieux, le silence s'installe et gagne tout ce qu'ils relient. Rien n'échappe alors à la conscience.

29. Le cœur s'ouvre et, de centre en centre, la Kundalini s'élance comme la foudre. Alors se manifeste la splendeur de Bhaïrava.

Tu m'as dit : « Il n'y a qu'un seul accès au souterrain, c'est le cœur. » Et c'est par là que nous y sommes entrés. Pour ouvrir mon cœur, tu as eu recours à mille ruses, violentes ou douces, mille ruses que l'amour te dictait.

30. Médite sur les douze centres d'énergie, les douze lettres conjointes et libère-toi de la matérialité pour atteindre à la suprême subtilité de Shiva.

Avant l'union, avant la montée de la Kundalini, tu m'as fait connaître les douze points auxquels j'ai fait mes offrandes. Puis, de même, tu as reconnu les miens :
a, les extrémités, clitoris et gland ;
â, le mûlâdhara, à la base des organes sexuels ;
i, kanda, la racine profonde ;
î, nâbhi, le nombril ;
u, Hrt, le cœur ;
û, kantha, la base de la gorge ;
e, talu, la voûte du palais ;
ai, bhrûmadhya, le bindu intersourcilier ;
o, lalâta, le front ;
au, brahmarandhra, le sommet du crâne ;
am, Shakti, la pure énergie ;

Tantra yoga

ah, Vyâpini, l'espace de résonance où la Kundalini se dissout dans l'espace.

44. Si tu contemples simultanément la spatialité du haut et celle de la base, l'énergie hors du corps te porte au-delà de la pensée dualisante.

Jouer avec ses vides, être vide en haut et en bas, connaître l'espace qui les lie et s'affranchir des *vikalpa* (la pensée dualisante), tels étaient nos jeux.

50. Lorsque ton corps est tout entier pénétré de conscience, l'esprit unipointé se dissout dans le cœur et tu pénètres alors la Réalité.

Cette porte du cœur qui ouvre à la vraie nature de la réalité comme elle ouvre à la vraie nature du Soi, tu l'as ouverte par ton amour.

PRATIQUE : Le Kundalini yoga de l'école Pratyabhijñâ a comme particularité unique d'être totalement centré sur le cœur dont les yogin ont fait la porte de toute montée d'énergie. Ainsi, dans le travail du souffle, dans les exercices énergétiques, les chakra de base ne sont jamais stimulés. On dit que cette vision originale est due aux yoginî qui ont préféré enseigner un Kundalini yoga fait de douceur et d'harmonie, trouvant le travail sur les chakra de base trop violent et sujet à d'importants risques énergétiques.

La montée de la Kundalini elle-même est décrite d'une manière différente. Sa puissance se développe plutôt d'une manière concentrique à partir du cœur et bien qu'elle monte de la base, c'est au niveau du cœur qu'elle emplit l'espace et laisse flotter le yogin dans une sphère de lumière. La puissance est ici celle de la Grande Déesse, de Durga, de Kâli et la foudre ressentie n'a rien de rectiligne, c'est une boule de feu qui englobe l'univers.

On voit dans certaines peintures une Kundalini lovée et on pense à tort que c'est une image de la puissance à son état paisible alors que dans l'école Pratyabhijñâ, on considère que c'est la représentation de la Kundalini active mais sous sa forme spiraloïde.

La raison pour laquelle des accidents se produisent, lors des montées énergétiques provoquées, vient du fait que le centre du cœur n'est pas encore ouvert et que l'énergie déployée ne trouve pas d'issue. Il y a alors une explosion interne, comme si on lâchait une fusée dans un tube fermé.

Avant de pratiquer ce yoga, il est essentiel de s'établir dans les trois vides de la base, du centre et du sommet mentionnés à la stance 45 et dans les deux vides, base et sommet, de la stance 44. On acquiert ainsi l'habitude de sentir le dégagement de la voie, ou canal central, décrit dans la stance 35. Et, plutôt que de provoquer, on accompagne la présence fulgurante de la Shakti à travers les douze centres décrits à la stance 30. Après les premières montées de Kundalini, qui ont un caractère extrêmement intense, le yogin dont le cœur est ouvert fait l'expérience de montées de plus en plus douces, de plus en plus sphériques, qui ouvrent au frémissement continu du cœur que Devî considérait comme la forme suprême de la présence de la Kundalini.

Le yoga de la non-dualité

Le but du yoga tantrique est la réalisation spontanée de la non-dualité. L'esprit a la substance de l'espace. Il peut tout contenir, mais il n'est pas ce qu'il contient. Comme l'espace, il est dépourvu de toute particularité. Réaliser la nature de l'esprit par le samâdhi est donc saisir, dans un bond fulgurant de l'intuition, que l'espace est notre substance même, et en faire l'expérience immédiate. C'est dans ce sens que lien et libération sont des fictions produites par l'ego car l'esprit fondamentalement n'a jamais été lié. Il n'y a rien d'autre à réaliser et c'est la tâche la plus ardue parce que trop simple. Celle que proposent les voies ultimes du Tantra, du Dzogchen, de Mahamoudra et du Chan. Tous les efforts des maîtres ne visent qu'à provoquer cette prise de conscience, cette communication avec l'esprit inné qui se découvre en même temps que sont abandonnées toutes les projections, les croyances et les notions.

Une fois le pas de l'éveil franchi, toute la production mentale se libère instantanément, toute création émerge de l'espace et s'y abolit dans un rythme de création et d'annihilation incessant. Vie et mort elles-mêmes cessent d'être des points fixes et deviennent des passages, comme sont des passages la création et la disparition d'une pensée, d'un rêve, d'un fantasme. Ainsi, dans le samâdhi, le tântrika fait-il l'expérience de la mort. Cette expérience le délie de l'angoisse métaphysique et du doute. Il n'a alors plus rien à apprendre mais tout à vivre dans un perpétuel retour au Soi. Le tântrika connaît alors la non-dualité. La conscience ouverte est reliée à chaque chose dans un incessant ravissement.

123. La pureté, exaltée par les religieux ignorants, semble impure au tântrika. Affranchis-toi de la pensée dualisante et ne reconnais rien comme pur ou impur.

Avant de te rencontrer, je cherchais une voie où existaient les pratiques sexuelles. Alors, avec une infinie patience, tu m'as montré une voie qui est celle de l'amour absolu. J'ai eu peur. Tout doucement, tu m'as guidé en me faisant toucher tout le spectre des émotions humaines, au-delà du pur et de l'impur, au-delà de la dualité, et j'ai vécu la dissolution de la peur, de l'angoisse, de la retenue, de la contraction qui empêchent la Shakti d'occuper tout l'espace.

135. En réalité, lien et libération n'existent que pour ceux qui sont terrifiés par le monde et méconnaissent leur nature fondamentale. L'univers se reflète en l'esprit comme le soleil sur les eaux.

Je pense parfois à tous les efforts que j'ai faits pour me libérer. Le jour où je t'ai rencontrée, tu as commencé par me montrer que j'étais libre mais je ne pouvais pas le comprendre. Alors, encore et encore, tu m'as remis face à cette liberté jusqu'à ce qu'elle me pénètre par la force de l'amour.

107. Ressens la conscience de chaque être comme ta propre conscience.

En errant dans les montagnes avec toi, j'ai senti que la conscience perdait toute limite dès que l'ego qui la contient se distend puis s'évanouit dans l'espace. La conscience du disciple fondue dans celle du maître, dans celle de la lignée des maîtres, chaque atome participe à la danse lente par laquelle Natarâja, le danseur divin, s'inscrit dans l'espace.

125. Le bonheur réside dans l'égalité entre les sentiments extrêmes. Réside dans ton propre cœur et accède à la plénitude.

Lorsque tout est lié, il n'y a plus de distance entre les extrêmes. Le lointain devient proche, l'invisible visible, la haine l'amour.

126. Libère-toi de la haine comme de l'attachement. Alors ne connaissant ni répulsion ni lien, glisse-toi dans le divin en ton propre cœur.

Défini par ce que j'aime et par ce que je déteste, l'amour même devient minuscule. Dans l'espace du cœur, je retrouve l'espace où tout peut accéder à sa vraie dimension. L'expansion du réel ne laisse aucune place pour le lien et la répulsion. Il n'y a plus que le contact profond.

PRATIQUE : Le yoga de la non-dualité abolit toute morale dans le sens qu'il la remplace par un suprême équilibre où toute action est en harmonie avec le monde. Il n'y a donc plus lieu pour le tântrika de priser la pureté et de condamner l'impureté ni de rechercher la libération d'un lien fictif. À partir du moment où tout est perçu comme conscience, l'action est parfaitement adéquate et dépasse toute fixité morale. Le tântrika réside alors dans le cœur et chaque respiration devient un mantra, chaque mot un enseignement, chaque geste un hommage à la divinité.

Le yoga du feu

Ce yoga est l'un des plus impressionnants. C'est une pratique radicale qui permet de toucher à la spatialité de l'esprit avec intensité. Bien accomplies, les pratiques des stances 52 et 53 permettent d'entrer instantanément en samâdhi. Elles sont en général données à la fin de l'ascèse, lorsque le tântrika a expérimenté la richesse et les résonances infinies des autres pratiques.

Cette pratique, transmise par les maîtres tantriques à Padmasambhava, qui introduisit le bouddhisme au Tibet vers 750, est très prisée par les pratiquants du Dzogchen. Padmasambhava la place parmi « les enseignements très secrets des dakini ».

Il est recommandé de ne pas s'adonner à ces pratiques sans en avoir reçu la transmission d'un maître appartenant à une lignée.

52. Concentre-toi sur un feu de plus en plus ardent qui monte de tes pieds et te consume entièrement. Lorsqu'il ne reste que cendres dispersées par le vent, connais la tranquillité de l'espace qui retourne à l'espace.

Le jour où tu m'as transmis cette dhârâna, j'ai cru me consumer, dévoré par le feu de Bhaïrava. Mon noyau liquéfié avant même de n'être que cendres, j'ai connu l'espace intérieur identique à l'espace du monde. Les cendres retombées dont nous nous sommes vêtus n'étaient que cet espace impalpable rendu visible.

53. Vois le monde entier transformé en un gigantesque brasier. Puis, lorsque tout n'est que cendre, entre dans la béatitude.

Lorsqu'on a brûlé soi-même, le feu peut s'étendre au monde. Ce feu, allumé dans le linga renversé ou la yoni du nombril, s'étend, crépite, souffle, vrombit et tout s'enflamme. Sur quoi la cendre se déposerait-elle lorsque tout est consumé ?

PRATIQUE : Pour cette pratique, le yogin visualise une yoni ou un linga, en forme de récipient, ouvert vers le haut, au niveau du nombril et c'est là qu'il allume ce feu absolu qui consume la totalité du monde, des formations mentales, des sensations et des liens cognitifs, plongeant le tântrika en Shiva, c'est-à-dire dans « le Grand Vide » comme les textes le nomment parfois.

C'est également de cette manière que se pratique le yoga de la chaleur psychique qui permet aux ascètes de vivre dans les grands froids himalayens. Dans ce cas, le feu est entretenu et poussé par la respiration dans les canaux subtils et allume des foyers dans les autres chakra alors que la chaleur circule dans tout le corps avec une intensité soutenue.

Le yoga de l'extase originelle

Une fois posée la nature absolue de l'esprit et sa reconnaissance spontanée par le tântrika, le Vijñânabhaïrava tantra nous propose de toucher directement cet esprit, en se libérant de la pensée dualisante. C'est une approche plus intellectuelle mais qui ne peut être accomplie que par l'abandon des formes.

Il s'agit pour le tântrika de réaliser que la nature innée, libre et éveillée depuis toujours, surgit dès que la pensée dualisante est abandonnée. Comme le ciel obscurci de nuages nous semble sombre, ainsi l'esprit, terni par les formations qui en masquent la nature absolue, semble insaisissable dans sa spatialité. Mais l'expérience montre qu'il suffit d'un instant de silencieuse coïncidence avec le monde pour que les nuages se dissipent instantanément.

Pour ceux qui seraient tentés de chercher cet absolu en scindant l'esprit ordinaire qui génère les nuages d'un esprit « pur » situé dans l'ailleurs, le texte nous ramène à la réalité : l'esprit qui produit les masques n'est pas différent de l'esprit nu. C'est l'un des signes de la liberté de Shiva qui peut obscurcir ou révéler l'esprit absolu. Pour être Shiva, il suffit de jouir de cette même liberté et de communiquer avec la nature absolue du Soi.

134. Sans la pensée dualisante, par quoi la conscience pourrait-elle être limitée ?

95. L'illusion perturbe, les cinq cuirasses obstruent la vision, les séparations imposées par la pensée dualisante sont artificielles.

Tu m'as montré que le temps, l'espace, le manque, la limitation de la connaissance et les limitations de la créativité sont les cuirasses qui réduisent le monde à la dimension de notre ego. Ces cinq cuirasses sont baignées par la cuirasse suprême, celle de mâyâ, l'illusion globale. Chaque pratique de ce tantra peut créer la vibration qui fissurera puis fera éclater ces cuirasses.

110. Les vagues naissent de l'océan et s'y perdent, les flammes montent puis s'éteignent, le soleil surgit puis disparaît. Ainsi tout trouve sa source dans la spatialité de l'esprit et y retourne.

Touchant mon cœur, accomplissant une boucle dans l'espace, tu m'as guidé dans l'accompagnement de chaque pensée, de chaque émotion. Être attentif à l'émergence de la plus infime vibration qui émerge du centre du cœur, se colore, prend forme, s'intensifie, atteint son acmé puis retombe doucement en perdant toute caractéristique avant de retourner à l'espace du cœur, silencieux et spatial. Suivre ainsi chacune de nos productions mentales libère de toute tension et fait découvrir comment toute énergie participe à la libération.

108. Libère l'esprit de tout support et accède à la non-dualité. Alors, femme aux yeux de gazelle, le soi limité devient le Soi absolu.

Longtemps, j'ai étayé mon esprit par toutes sortes de notions et de certitudes, pensant atteindre l'indicible. J'ai ensuite compris qu'en se libérant de ces chaînes l'absolu se révélerait mais c'est toi qui, avec une infinie patience, as destructuré mon esprit par l'attention, la vigilance constante face à la réalité où j'ai trouvé l'absolu.

131. Lorsque tu affirmes : « j'existe », « je pense ceci ou cela », « telle chose m'appartient », accède à ce qui n'a pas de fondement et, au-delà de telles affirmations, connais l'illimité et trouve la paix.

Même dans ces sursauts de l'ego, il y a la possibilité d'aller plus loin, plus profond, et de trouver cet espace où le « je » s'évapore dans le Soi.

94. Lorsque par la contemplation se révèle la vacuité de l'ego, de l'intellect agissant et de l'esprit, toute forme devient un espace illimité et la racine même de la dualité se dissout.

L'intelligence non sollicitée rayonne de tout son éclat, l'esprit apaisé, dégagé de son activité parasite, repose dans la conscience. Par la contemplation cette conscience frémit sans rien produire et l'ego se désagrège.

112. Suppose que tu es graduellement privé d'énergie et de connaissance, à l'instant de cette dissolution, ton être véritable te sera révélé.

Tu induisais toujours cette pratique par une discussion animée. Tu me laissais m'emballer, exposer des certitudes, puis soudain, tu claquais des doigts ou tu me touchais et j'abandonnais connaissance, énergie, observateur et objet jusqu'à cet affaiblissement de plus en plus vaste. Ma respiration se ralentissait avec la tienne jusqu'à s'arrêter complètement, et là...

128. Contemple l'espace vide, accède à la non-perception, à la non-distinction, à l'insaisissable, par-delà l'être et le non-être : touche au non-espace.

Au-delà du ciel, de l'espace, de l'éther, toute forme abandonnée, se trouve le samâdhi profond que tu appelais « l'extase sans vie » car ce samâdhi n'est qu'un passage vers le samâdhi animé par le frémissement du Soi, seul considéré comme suprême.

127. Toi, au cœur ouvert et doux, médite sur ce qui ne peut être connu, sur ce qui ne peut être saisi. Toute la dualité étant hors d'atteinte, où donc la conscience pourrait-elle se fixer pour échapper à l'extase ?

C'est l'approche la plus intellectuelle de ce tantra. Une analyse qui débouche sur l'absurde de tout ce que l'intelligence ne peut trouver. Une technique de l'inconnaissable. Elle débouche sur une vive frustration de l'intelligence qui ouvre la porte à la contemplation.

104. Lorsque tu réalises que tu es en toute chose, l'attachement au corps se dissout, la joie et la félicité se lèvent.

Le regard ouvert sur le ciel, sur l'eau, sur un arbre, sur ton visage, l'ego disséminé dans l'espace, j'ai connu cette volupté d'être l'objet de ma contemplation alors que tu étais l'univers.

97. Avant de désirer, avant de savoir : « Qui suis-je, où suis-je ? », telle est la vraie nature du « je ». Telle est la spatialité profonde de la réalité.

Tantra yoga

106. Tout être vivant perçoit sujet et objet, mais le tântrika réside dans leur union.

Tu m'as fait toucher ce lien merveilleux, encore et encore, ce passage qui a deux ouvertures, l'une sur le sujet, l'autre sur l'objet. Mais dès que le contact est dépourvu de tout concept, c'est comme si ce tunnel se rétrécissait jusqu'au point de se rétracter totalement, de disparaître dans l'union du sujet et de l'objet.

100. La conscience est partout, il n'y a aucune différenciation. Réalise cela profondément et triomphe ainsi du temps.

La Shakti pénètre le corps comme un essaim d'abeilles dont l'activité empêche l'établissement et le déploiement de l'activité mentale dualisante. Lorsque la conscience s'étend, les différenciations s'atténuent puis se dissolvent dans l'espace. Ainsi, le temps lui-même se résorbe dans son principe d'éternité.

137. Lorsque connaissance et connu sont d'une essence unique, le Soi resplendit.

Dans l'espace nouveau instauré par la Shakti, la dualité se perd. Ainsi, connaissance et connu ne sont plus liés par l'ego et celui qui connaît devient ce qui est connu, affirmant l'intégrale splendeur du Soi.

63. Contemple les formes indivises de ton propre corps et celles de l'univers entier comme étant d'une même nature, ainsi, ton être omniprésent et ta propre forme reposeront dans l'unité et tu atteindras la nature de la Conscience.

Ce que la Shakti provoque au niveau de la connaissance, tu m'as montré comment elle le réalisait au niveau du corps et de ses liens avec le monde. Lorsque le mouvement d'expansion de la Shakti est établi, le tântrika découvre l'unité et reconnaît sa propre nature.

99. Toute connaissance particulière est de nature fallacieuse. Lorsque se manifeste la soif de connaître, réalise immédiatement la spatialité de la connaissance elle-même et sois Shiva/Shakti.

Comme toute pensée, toute émotion part de la source vide du cœur et y revient après avoir connu développement, intensité et accalmie, toute connaissance restreinte trouve son accomplissement dans la découverte du cœur de la connaissance qui n'est autre que la Shakti frémissante.

133. Ce que tu appelles l'univers est une illusion, une apparition magique. Pour être heureux, considère-le comme tel.

Une fois touchée la spatialité, j'ai touché la réalité du monde. Une fois touchée la réalité du monde, j'ai vu comment tout revient au vide matriciel. Ainsi, réalité et illusion ne sont plus de natures différentes.

91. Lorsqu'on fixe son esprit libéré de toute structure sur le son final d'une lettre, l'immensité se révèle.

Chaque son devenu la manifestation de l'immensité, un son qui s'éteint vole comme Garuda vers l'espace duquel il est né, il me sert de monture et, à travers le ciel, la vibration qui s'éteint retourne à l'éther.

98. Lorsque désir et savoir se sont manifestés, oublie l'objet de ce désir ou de ce savoir et fixe ton esprit sur le désir et le savoir libérés de tout objet comme étant le Soi. Alors tu atteindras la réalité profonde.

Désir et savoir absolus sont semblables à l'amour qui, délivré de l'objet, peut enfin arriver à sa vraie destination, la conscience qui se trouve en chaque être, en chaque atome. Voyant cette danse incessante de la matière et des êtres, dansant avec eux, le yogin se libère en libérant le monde.

132. « Éternelle, omnisciente, sans support, Déesse de tout le manifesté... » Sois celle-là et accède à Shiva/Shakti.

Lorsque tous ces yoga sont accomplis, il ne reste plus la moindre trace de limitation, d'enfermement. Alors, dans cette totale expansion de la conscience, le yogin réalise son identité au divin.

109. Shiva est omniprésent, omnipotent et omniscient. Puisque tu as les attributs de Shiva, tu es semblable à lui. Reconnais le divin en toi.

Reconnaissant le divin en lui, il reconnaît le divin en toute chose et devient omniprésent, omnipotent et omniscient.

138. Ô bien-aimée, lorsque l'esprit, l'intellect, l'énergie et le soi limité disparaissent, alors surgit le merveilleux Bhaïrava !

Lorsque tous les outils dont le yogin s'est servi se dissolvent, le soi limité disparaît à son tour. Tout est consumé par le feu de Bhaïrava qui détruit l'illusion, détruit les liens qui m'enchaînaient à ce que je croyais être la réalité. Alors je flamboie des feux de la réalisation.

PRATIQUE : Ce yoga décrit, examine et rend conscient de tous les pièges tendus par l'ego qui fait fonctionner l'esprit dans un cadre limité par les notions. L'une des bases des enseignements tantriques est de réaliser par l'expérience que notre esprit étroit et perturbé n'a pas à être abandonné pour découvrir l'absolu mais qu'il suffit de ne plus le nourrir de certitudes, de fixité pour que s'élance en lui l'intuition fondamentale de sa propre spatialité.

Le « travail » tantrique est donc extrêmement doux et subtil. Rien n'est à abandonner, rien n'est à transcender ni à rejeter mais il est simplement demandé au tântrika de se libérer du doute en descendant au noyau incandescent de chaque pensée où la rencontre de l'espace infini fait découvrir que le yoga le plus profond travaille avec la réalité. Dès que les formes auxquelles nous nous attachons sont abandonnées, surgit Shiva, « le Grand Vide » sous la forme de Bhaïrava, « celui qui détruit les limites ».

Lorsque le corps/esprit se détend complètement, il n'y a rien d'autre à trouver que l'espace sous-jacent à toutes les formations mentales. L'esprit inné est ainsi mis à nu et le yogin retrouve sa propre nature.

Conclusion

139. Ô Déesse, je viens de t'exposer cent douze dhâranâ. Celui qui les connaît échappe à la pensée dualisante et atteint la connaissance parfaite.

140. Celui qui réalise une seule de ces dhâranâ devient Bhaïrava en personne. Sa parole s'accomplit dans l'acte et il obtient le pouvoir de transmettre ou non la Shakti.

141-144. Ô Déesse, l'être qui maîtrise une seule de ces pratiques se libère de la vieillesse et de la mort, il acquiert les pouvoirs supranormaux, les yoginî et les yogin le chérissent et il préside à leurs réunions secrètes. Libéré au sein même de l'activité et de la réalité, il est libre.
La Déesse dit : « Ô Seigneur, qu'on suive cette réalité merveilleuse qui est la nature de la Shakti suprême ! Qui donc est adoré ? Qui est l'adorateur ? Qui entre en contemplation ? Qui est contemplé ? Qui reçoit l'oblation et qui en fait l'offrande ? À qui sacrifie-t-on et quel est le sacrifice ? »
« Ô femme aux yeux de gazelle, toutes ces pratiques sont

celles de la voie extérieure et correspondent aux aspirations grossières. »

145. *Seule cette contemplation de la plus haute réalité est la pratique du tântrika. Ce qui résonne spontanément en soi est la formule mystique.*

146. *Un esprit stable et dépourvu de caractéristiques, voilà la vraie contemplation. Les visualisations imagées des divinités ne sont que des artifices.*

147. *L'adoration ne consiste pas en offrandes mais en la réalisation que le cœur est la suprême conscience dégagée de la pensée dualisante. Dans la parfaite ardeur, Shiva/Shakti se dissolvent dans le Soi.*

148. *Si l'on pénètre un seul des yoga décrits ici, on connaîtra une plénitude s'étendant de jour en jour jusqu'à la plus haute perfection.*

149. *Lorsqu'on jette dans le feu de la suprême réalité les cinq éléments, les sens et leurs objets, l'esprit dualisant et la vacuité même, alors il y a réelle offrande aux dieux.*

150-151. *Ô Déesse suprême, ici, le sacrifice n'est rien d'autre que la satisfaction spirituelle caractérisée par la félicité. Le vrai lieu de pèlerinage, ô Pârvati, est l'absorption en la Shakti qui détruit toute souillure et protège tous les êtres. Comment pourrait-il y avoir d'autre adoration et qui donc la recevrait ?*

152. L'essence du Soi est universelle. Elle est autonomie, félicité et conscience. L'absorption dans cette essence est le bain rituel.

153. Les offrandes, l'adorateur, la suprême Shakti ne sont qu'un. Ceci est l'adoration profonde.

154. Le souffle sort, le souffle entre, de lui-même sinueux. Parfaitement accordée au souffle, Kundalini, la Grande Déesse, se dresse. Transcendante et immanente, elle est le plus haut lieu de pèlerinage.

155. Ainsi, profondément établi dans le rite de la grande félicité, pleinement présent à la montée de l'énergie divine, grâce à la Déesse, le yogin atteindra le suprême Bhaïrava.

155 bis-156. L'air est exhalé avec le son « SA » puis inhalé avec le son « HAM ». Alors la récitation du mantra « HAMSA » est continue. La respiration est le mantra, répété vingt et un mille fois, nuit et jour, c'est le mantra de la suprême Déesse.

157-160. Ô Déesse, je viens de t'exposer les enseignements mystiques ultimes que rien ne surpasse. Qu'ils ne soient transmis qu'aux êtres généreux, à ceux qui vénèrent la lignée des maîtres, aux intelligences intuitives libérées de l'oscillation cognitive et du doute et à ceux qui les mettront en pratique. Car sans pratique, la transmission se dilue, et ceux qui ont eu la merveilleuse occasion de recevoir ces enseignements retournent à la souffrance et à l'illusion alors qu'ils ont eu un trésor éternel entre les mains.

Ô Dieu, j'ai maintenant saisi le cœur des enseignements et la quintessence des tantra. Il faudra quitter cette vie mais pourquoi renoncerait-on au cœur de la Shakti ? Ainsi qu'on reconnaît l'espace illuminé par les rayons du soleil, ainsi reconnaît-on Shiva grâce à l'énergie de Shakti qui est l'essence du Soi.

Alors Shiva et Shakti, rayonnants de béatitude, s'unirent à nouveau dans l'indifférencié.

La voie du tântrika

La voie du tântrika est, du point de vue de l'école Pratyabhijñâ, la reconnaissance immédiate de notre essence spirituelle libre de tout conditionnement, de toute limite, notre identité à Shiva. L'espace infini est en nous. Rien n'est à trouver à l'extérieur. C'est une voie « subite » par opposition aux voies graduelles mais c'est aussi une voie difficile, comme celle du Chan, du Dzogchen ou de Mahamoudra car elle suppose la mise à nu de l'esprit, l'abandon des stratagèmes et la présence continue à la réalité.

C'est une voie dépouillée de tout rituel, de tout dogme, de toute métaphysique où les constructions réconfortantes produites par l'esprit sont libérées à mesure qu'elles affleurent. La sâdhana conduit à une liberté totale par rapport à toute forme de dépendance psychologique, interne ou externe lorsqu'on surmonte l'absence de cadre strict qui rend l'abord de cette voie difficile. Créée par des esprits libres, elle convient aux esprits libres. Le groupe, cette sorte d'entité floue dans laquelle se fondent les individus dans un confort relatif et illusoire, n'existe pas dans le shivaïsme. Seul compte le rapport établi entre deux êtres humains. Que l'un soit le maître, l'autre le disciple, n'a aucune importance car tout l'enseignement est fondé sur l'identité du maître et du disciple, comme celle de Shiva et Shakti « unis dans la même connaissance ». Le maître n'est qu'un ami spirituel, un miroir, un regard à travers lequel le disciple peut en un instant reconnaître sa propre liberté absolue, son propre éveil fondamental.

La sâdhana tantrique ne comporte pas d'étape mais plutôt des « sphères » où la pénétration se fait de plus en plus profonde au cours d'initiations, tout en sachant que tout peut s'accomplir dans l'espace d'un clin d'œil. Voici comment cette sâdhana peut se dérouler.

La sâdhana tantrique

Le Tantra est une voie extrêmement ouverte, libre, iconoclaste où toutes notions, toute dualité sont progressivement abandonnées pour réaliser le Soi. En raison même de son absence de règles rigides et de formes figées, la quête tantrique demande une grande force de caractère et un engagement profond de la part du maître et du disciple.

Les sphères présentées ici correspondent au développement des aspirations et des capacités de chacun. Elles ne sont pas des étapes à franchir mais plutôt l'indication d'une structure flottante qui permet à chacun d'accomplir la sâdhana à son rythme.

Il y a dans la première sphère une introduction au

shivaïsme tantrique, à son histoire, à sa pensée, à ses textes. Viennent alors les pratiques préliminaires : respiration, méditation, développement de la présence à la réalité, mantrayoga, exercices énergétiques et préparation au yoga tantrique.

Après avoir assimilé les grandes bases du shivaïsme, un engagement plus profond est nécessaire entre maître et disciple. C'est l'objet de la deuxième sphère. Ce lien essentiel est la base du développement de *Shaktipata* ou présence de la Shakti, qui permet à la quête de prendre un sens profond. Il est fondé sur l'agrément mutuel du maître et du disciple qui sont liés par la Shakti et développent une amitié spirituelle jusqu'à l'éveil du disciple qui constitue dans le tantrisme la libération du maître. Cette relation implique d'être vu tel que l'on est, intégralement, et l'abandon des projections de l'ego qui contractent notre conscience. C'est la manière la plus rapide de toucher à la liberté d'être et de goûter une communication nouvelle avec la totalité de nos émotions, de nos pensées et de nos sensations qui nous font découvrir comment toucher la réalité et y découvrir l'absolu. Cette sphère est marquée par la fréquence des entretiens particuliers et le développement du yoga tantrique. C'est le début d'une relation personnelle et dynamique où toute stagnation est évitée.

Dans la sphère suivante, le tântrika découvre l'intégralité des pratiques yogiques qui ne concernent pas le Kundalini yoga et en reçoit la transmission. Les contacts entre maître et disciple sont encore plus étroits. Ils préparent aux pratiques énergétiques les plus intenses exposées dans le Vijñânabhaïrava tantra. On affronte ici sa peur fondamentale et l'angoisse de la dissolution. Ces pratiques ont un caractère ascétique et sont axées sur la présence continue dans le Cœur, la danse extatique *(Tândava)*, l'expérience des différents samâdhi et les pratiques d'origine chamanique qui permettent de toucher les zones les plus enfouies de la psyché humaine. Le lien entre maître et disciple touche aux profondeurs inconscientes grâce à l'initiation au yoga du rêve.

La dernière sphère est celle du Kundalini yoga. Maître et disciple s'isolent pour la transmission des enseignements les plus profonds. Cette présence continue, à deux, réduit les derniers blocages de l'ego et ouvre à l'amour absolu, au faîte de la relation « passionnée » qui dans le tantrisme unit maître et disciple. Les pratiques secrètes du Kundalini yoga sont données intégralement. Maître et disciple sont liés par le samâdhi frémissant et l'éveil. Il y a entre eux une fusion absolue. Certains reçoivent alors la transmission de la lignée qui permet d'enseigner et de faire partie de cette chaîne ininterrompue qui traverse les millénaires et apporte aux êtres amour et libération.

On touche alors à l'état suprême chanté par Lalla, poétesse et maître tantrique cachemirienne du XIVe siècle :

> « Moi, Lalla, en mon cœur
> J'ai franchi la porte du jardin.
> Ô joie ! j'ai touché Shiva et Shakti enlacés
> Et j'ai bu le nectar au lac de leur extase.
> Vivante, morte au monde, vivante !

Une fois le soleil coulé, la lune se dessine.
La lune disparue, la Conscience demeure.
La Conscience allée, reste la spatialité.
Les trois chants : frémissement de vie,
liberté sacrée et béatitude s'y dissolvent.

Comme la lune allait disparaître
J'ai chanté la folie de mon cœur tourmenté
mis à nu par l'amour de Shiva.
J'ai crié : Je cherche la vérité ! Je cherche la réalité !
Le rubis du Soi éveillé, je m'y suis absorbée
et mon corps est devenu le réceptacle du divin [1]. »

---

1. Extrait de *Lalla, Chants mystiques du tantrisme cachemirien*, présentation et traduction de Daniel Odier, Points Sagesse, Seuil, à paraître.

TABLE

PREMIÈRE PARTIE	11
DEUXIÈME PARTIE	37
Le Vijñânabhaïrava tantra, somme du yoga shivaïte	39
Origines et résurgences du shivaïsme	41
Le mythe aryen	45
L'influence du shivaïsme	46
La floraison cachemirienne entre le VIIIe et le XIIe siècle	48
Le Cœur tantrique	50
Vide, spatialité, conscience, action et hasard	51
Transmission et lignée	55
La relation maître/disciple	58
Les micro-pratiques, le secret tantrique	59
La quête passionnée	61
Shiva, créateur du yoga et de la danse extatique	62

TROISIÈME PARTIE	65
Le yoga de l'espace et de la lumière	73
Le Prânâyâma yoga	79
Le yoga de l'obscurité	85
La guirlande des lettres	89
La contemplation	95
Le yoga des sens	105
Le yoga du ciel et de l'espace	119
Le yoga du rêve	125
Le yoga de l'arrêt	131
Le Kundalini yoga	137
Le yoga de la non-dualité	147
Le yoga du feu	153
Le yoga de l'extase originelle	157
Conclusion	169
La voie du tântrika	173

DU MÊME AUTEUR

Romans

La Voie sauvage, Le Seuil, 1974.
Petit déjeuner sur un tapis rouge, Fayard, 1982.
Gioconda, Fayard, 1984.
Baiser cannibale, Fayard/Mazarine, 1987.
Le Clavecin, Fayard, 1992.
L'Illusionniste, J.-C. Lattès, 1997, Pocket, 2002.
Les 7 secondes de l'arc-en-ciel, Albin Michel, 2006.

Essais

Népal, Le Seuil, 1976.
Essais sur les mystiques occidentales, avec Marc de Smedt, Albin Michel, 1984.
Tantra, l'initiation d'un Occidental à l'amour absolu, J.-C., Lattès, 1996 ; Pocket, 1998, 2002.
Lalla, Chants mystiques du tantrisme cachemirien, Points/Seuil, 1999.
Le Grand Sommeil des éveillés, Éditions du Relié, 2000.
Désirs, passions et spiritualité : l'unité de l'être, Lattès, 1999 ; Pocket, 2002.
Tantra, spontanéité de l'extase, Actes Sud, 2000.
Le Chant du frémissement, Éditions du Relié, 2004.
L'incendie du cœur, Éditions du Relié, 2007.
Chan et zen, Pocket, 2009.

www.danielodier.com

*Numérisation et impression en septembre 2014
par CPI Firmin-Didot
Éditions Albin Michel
22, rue Huyghens, 75014 Paris
www.albin-michel.fr*

ISBN : 978-2-226-15185-8
ISSN : 0755-1835
N° d'édition : 11716/06. - N° d'impression : 124206.
Dépôt légal : mars 2004.
Imprimé en France.